Q&A 一目でわかる！

インボイス制度と
電子帳簿保存法

コンパッソ税理士法人 編集

ビジネス教育出版社

はじめに

　本書は、Q&A方式により、インボイス制度と電子帳簿保存法（以下電帳法）をわかりやすく解説した書です。

　インボイス（適格請求書等保存方式）導入後は、事業者において、事務負担が増加するのみならず、実質的な税負担が生じることも想定されますので、実務への影響は、相当に大きいと考えます。自社の事業内容などに応じて、登録の要否や、制度のポイントを押さえ、早急に検討し準備を進めておくことが重要です。

　インボイス制度は、事業者登録を基礎としており、消費者、免税事業者又は国税庁の登録を受けていない課税事業者から行った課税仕入れは、原則、仕入税額控除の適用を受けられません。

　買い手である取引相手（課税事業者）から求められたときは、インボイスを交付する必要があります。インボイス制度では、請求書に記載すべき事項や仕入税額控除の要件が変更されますので、日々の業務の中で会社の経理担当者など注意すべき点も多くあります。

　また、インボイス制度の導入に伴い、請求書発行コンピュータシステムの改修などが必要になることもあります。一方、買い手は、仕入税額控除の適用を受けるために、原則として、インボイス発行事業者から交付を受けたインボイスの保存が必要です。

電帳法についてもインボイス制度とは切り離せない関係にある法律です。電子取引データの電子保存が義務化され、これまで行っていた紙での保存が不可となりました。

　本書では、免税事業者であるフリーランスの方々にとって、判断に迷うようなケースについても対応策をご紹介しております。さらに令和5年度税制改正の概要にも対応しています。インボイス制度への万全の体制で迎えるために、お役に立てれば幸甚です。

　最後になりますが、執筆・発刊に際し数多くの方のご尽力を賜りました。

　はじめにお声を掛けていただきました株式会社ビジネス教育出版社の酒井敬男会長、山下日出之様。このような機会をいただき、誠にありがとうございます。また、執筆に大きく貢献してくれた弊社若手諸君。最後にこの書籍を手に取ってくださった読者の皆様にも感謝を申し上げたいと思います。皆様の発展をお祈りし、結びのあいさつとさせていただきます。

税理士・公認会計士
コンパッソ税理士法人 代表　内川　清雄

目　次

第 1 章　インボイス制度の基礎知識

第 2 章　登録の選択を迫られる！個人事業主からみたインボイス制度

第3章 取引先との対話が重要！企業からみたインボイス制度

Column

インボイス制度の基礎知識

インボイスっていったい何なの？
インボイス制度で何が変わる？

Q1 インボイス制度とは、一体どのようなものなのですか？

　事業を営む者に大きな影響をもたらす消費税の「インボイス制度」が2023年（令和5年）10月1日からスタートします。現在、消費税を納めていない免税事業者も無縁ではありません。

　まだ先の話だと思っていると、インボイス制度は経理業務の見直しだけでなく、会社全体に関係してくる問題なので、対応にかなりの時間を要する可能性があります。

　そこで、インボイス制度とどう向き合い、対応していけばよいのか、一緒に考えていきましょう。

消費税負担が増える可能性も

　消費税は、商品や製品を購入したり、サービスを受けたりする際にかかる税金です。商品や製品等は、一般的に製造業者や流通業者、小売業者の手を通して消費者の手元に届きます。この業者間での取引段階でも消費税が発生します。消費税はこの中間の取引段階で、税が二重三重に累積しないような仕組みをとっています。この売上げの消費税額から仕入れの消費税額を差し引いて計算することを「仕入税額控除」と言います。

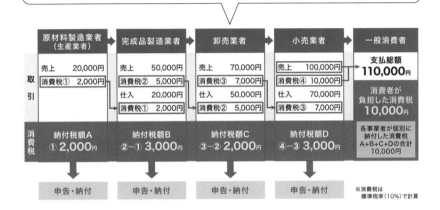

例えば卸売業者は……
①完成品製造業者から仕入をする時に「50,000円＋消費税5,000円」を支払う。
②小売業者に製品を販売する時に「70,000円＋消費税7,000円」を受け取る。
　この場合、卸売業者は（売上に係る消費税7,000円）－（仕入に係る消費税5,000円）を計算し、差額の2,000円を納付することになります。

	原材料製造業者（生産業者）	完成品製造業者	卸売業者	小売業者	一般消費者
取引	売上 20,000円 消費税① 2,000円	売上 50,000円 消費税② 5,000円 仕入 20,000円 消費税① 2,000円	売上 70,000円 消費税③ 7,000円 仕入 50,000円 消費税② 5,000円	売上 100,000円 消費税④ 10,000円 仕入 70,000円 消費税③ 7,000円	支払総額 **110,000円** 消費者が負担した消費税 **10,000円** 各事業者が個別に納付した消費税 A+B+C+Dの合計 10,000円
消費税	納付税額A ① **2,000円**	納付税額B ②-① **3,000円**	納付税額C ③-② **2,000円**	納付税額D ④-③ **3,000円**	
	申告・納付	申告・納付	申告・納付	申告・納付	※消費税は標準税率（10%）で計算

インボイス制度が開始されると

　インボイス制度は、この仕入税額控除をするにあたっての新たなルールです。基本的には、インボイスを発行できる適格請求書発行事業者（以下、登録事業者）が発行するインボイスを受け取り、保存している者のみ、消費税の仕入税額控除ができるようになります。つまり、インボイスがなければ、仕入れにかかった消費税を自己負担しなければなりません。

インボイス制度が開始したときの事業者の影響

自社がインボイスを発行できない
取引先は仕入税額控除ができなくなり、消費税負担が増えるため、取引を見直す可能性もあり

取引先がインボイスを発行しない
仕入税額控除できないため自社の消費税負担が増える可能性があり

　なぜ、インボイス制度を導入するかというと、わが国では2019年10月から消費税率を10％に引き上げ、併せて軽減税率制度を導入しました。現在、消費税は標準税率10％、軽減税率8％の複数税率となっています。そこで、適正な仕入税額控除等をするにあたって、正確な消費税額と消費税率を把握することが必要になり、取引の詳細な記録を残るようにしたのがインボイス制度なのです。

 ## 課税事業者と免税事業者

　現行の消費税法では、取引先が消費税を納めていない免税事業者でも、課税事業者は仕入税額控除をすることができます。インボイス制度がスタートすると、免税事業者はインボイスを発行できないので、取引先は仕入税額控除ができなくなります。

用語	課税事業者と免税事業者

○　その課税期間※1の基準期間※2の課税売上高が 1,000 万円を超える事業者は消費税の納税義務者となり、消費税の申告及び納付を行う必要があります（「課税事業者」といいます。）。

※1　原則として、個人事業者は暦年、法人は事業年度　※2　原則として、個人事業者は前々年、法人は前々事業年度

○　基準期間の課税売上高が 1,000 万円以下の事業者は、原則として消費税の納税義務が免除され、消費税の申告及び納付を行う必要はありません（「免税事業者」といいます。）。

○　免税事業者でも、課税事業者となることを選択することができます。

詳しくは…
消費税の一般的な事柄及び手続については、
「消費税のあらまし」
（国税庁ホームページ）等
をご覧ください。

出典：国税庁「適格請求書等保存方式の概要～インボイス制度の理解のために」

インボイス制度が導入されるに至った経緯について教えてください

インボイスは消費税を回収するために導入された制度

消費税の仕組みを理解するうえで欠かせないのが「仕入れ」とは何かを知ることです。

卸売業者や販売店では、一般的にメーカーなど他の事業者が作ったものを購入し、販売します。この"販売するために他の事業者から購入する行為"を「仕入れ」と言います。「仕入れ」は「消費」と同じように"購入する行為"ではあるものの、その目的は"消費すること"ではなく仕入れたものを"販売すること"です。つまり「仕入れ」と「消費」は異なる経済活動と言えます。消費税はその名のとおり「消費」に対して課税されるべきであり、消費とは目的の異なる「仕入れ」に課税されるべきではありません。

こういった理由から、消費税の課税制度は、生産や流通の各段階での仕入れに対して二重、三重に税が課されることがないよう、売上げに対する消費税額から仕入れに対する消費税額を控除し、税が累積しない仕組みとなっています（前段階税額控除方式）。

この仕組みは、仕入先が課税事業者であれば、受け取った消費税を国に納税する義務があるため、「消費者が支払った消費税」と「国に納められる消費税」は問題なくイコールになります。

しかし、仕入先が免税事業者だと、消費税を納める義務がないため、店から仕入先に支払われた消費税は、そのまま仕入先の利益になってしまいます。

その結果、「消費者が支払った消費税」よりも「国に納められる消費税」のほうが少なくなってしまうのです。

もともと、規模が小さい事業者は、納税額の計算などの事務作業をすべて自分一人で行わなければならないため、その負担を考えて、消費税納税が免除されていた（免税事業者）のですが、これではきちんと消費税が国に収められない、ということで、2023年10月からインボイス制度が導入されることになったのです。

◆ 消費税の負担と納付の流れ

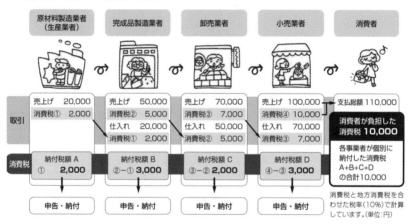

出典：国税庁「消費税のあらまし」PDF「1　基本的な仕組み」

 Column

インボイス制度導入の背景（主要国との比較）

日本の消費税は、EU（ヨーロッパ連合）で導入されているVATという税金（Value Added Tax：付加価値税）をモデルにつくられました。インボイス制度はもともと、このVATに類する制度です。

EUでは、1993年に域内における租税国境が廃止されました

が、国によってVATの税率が異なっており、また、VATという
ひとつの税金のなかでも「生活必需品は○％、嗜好品は△％」と
いうようにモノやサービスによって税率が複数存在（複数税率）
していました。

　そこで、モノやサービスの売り手に対して「明細ごとに税金の
金額を明記した納品書や請求書を発行すること」を義務づけ、買
手に対して「受け取った納品書や請求書をいつでも確認できるよ
う保存すること」を義務づけたものが、インボイス制度であり、
国内課税での役割から加盟国間課税での役割をも担うことになっ
ています。

　日本の消費税制度はEUのVATに倣って設計された制度ですが、
EUのVATにはあるインボイス制度が、日本の消費税にはいまま
で取り入れられていませんでした。それはなぜなのでしょうか？

　実は、日本における消費税の議論は1970年代より始まり、
1989年に竹下内閣により導入されましたが、1989年の時点で
すでに、国会では消費税とともにインボイス制度の導入が議論さ
れていました。

　しかし、日本はEUとは異なり消費税の税率がひとつだけ（当
時３％）であったことや、日本独特の商慣習（日本のモノづくり
を支えていたのは個人や小規模の事業者でしたが、インボイス制
度を導入すると事務的な負担が大きく、また、免税事業者が課税
事業者に比べて不利になるおそれがありました）を考慮して、
1989年当時はインボイス制度が導入されず、その後も導入さ
れてこなかったと言われています。

　時代は流れ、導入当時は３％だった消費税も「少子高齢化で増
大し続ける、社会保障費の財源確保」を主な目的として３度にわ
たって段階的に引上げが行われてきました。

　そして2019年、消費税率が８％から10％へ引き上げられる
のと同時に軽減税率が導入されました。

　軽減税率は、増税による財源確保を行いつつ、日々の暮らしに

欠かせないモノやサービスの税率を低く設定することで、私たち一般庶民の生活にも配慮するための仕組みです。「飲食店で食事をするとき、テイクアウトだと8%だが、イートインで食べると10%になってしまうのでややこしい」といったニュースが記憶に残っている方も多いことでしょう。

　軽減税率の導入により、日本もEUと同様に「消費税というひ

◆主要国の付加価値税におけるインボイス制度の概要

	英　国	ドイツ	フランス
仕入税額控除	インボイス保存が要件 インボイス記載の税額を控除	インボイス保存が要件 インボイス記載の税額を控除	インボイス保存が要件 インボイス記載の税額を控除
発行資格・義務者	登録事業者(付加価値税番号が付与される) ※非登録事業者(免税事業者)は発行不可	事業者 ※免税事業者もインボイスの発行はできるが、税額の記載不可	事業者 ※免税事業者もインボイスの発行はできるが、税額の記載不可
記載事項	①年月日 ②付加価値税番号 ③供給者の住所・氏名 ④発行番号(連続番号) ⑤顧客の住所・氏名 ⑥財貨・サービスの内容 ⑦税抜対価 ⑧適用税率・税額　等	①年月日 ②付加価値税番号 ③供給者の住所・氏名 ④発行番号(連続番号) ⑤顧客の住所・氏名 ⑥財貨・サービスの内容 ⑦税抜対価 ⑧適用税率・税額　等	①年月日 ②付加価値税番号 ③供給者の住所・氏名 ④発行番号(連続番号) ⑤顧客の住所・氏名 ⑥財貨・サービスの内容 ⑦税抜対価 ⑧適用税率・税額　等
免税事業者からの仕入れ	インボイスがないため、仕入税額控除できない。非登録事業者がインボイスを発行した場合にも、インボイス受領者が善意である場合を除き、原則税額控除不可(当該免税事業者には、記載税額の納付義務あり)。	インボイスに税額の記載がないため、仕入税額控除できない。免税事業者が税額を記載した場合にも、税額控除不可(当該免税事業者には、記載税額の納付義務あり)。	インボイスに税額の記載がないため、仕入税額控除できない。免税事業者が税額を記載した場合にも、税額控除不可(当該免税事業者には、記載税額の納付義務あり)。

(注)上記は、各国における原則的な取扱いを記載。なお、日本及び付加価値税の存在しない米国を除くOECD諸国ではインボイス制度が導入されている。

とつの税金のなかで、複数の税率が存在する」という状態になりました。税額の正確な計算や軽減税率に関する事務処理の効率化、そして諸外国の税制トレンドに合わせる（VATを導入している国のほとんどは、インボイス制度を採用している）といった背景から、日本でも2023年10月にインボイス制度がスタートすることになったのです。

（2022年1月現在）

EC指令	《参考》日本【区分記載請求書等保存方式】	《参考》日本【適格請求書等保存方式】（R5.10.1～）
インボイス保存が要件 インボイス記載の税額を控除	帳簿及び請求書等の保存が要件 仕入れ等に係る税込価額から一括して割り戻す形（税込価額×7.8/110（軽減対象の場合6.24/108）で計算した消費税額を控除	帳簿及び適格請求書等（インボイス）の保存が要件 ①インボイスに記載のある消費税額等を積み上げて計算する「積上げ計算」 ②適用税率毎の取引総額を割り戻して計算する「割戻し計算」 のいずれかを選択して計算した消費税額を控除
事業者 ※免税事業者は税額の記載不可	請求書等の発行者に制限なし	登録事業者（登録番号が付与される） ※非登録事業者（免税事業者）は発行不可
①年月日 ②付加価値税番号 ③供給者の住所・氏名 ④発行番号（連続番号） ⑤顧客の住所・氏名 ⑥財貨・サービスの内容 ⑦税抜対価 ⑧適用税率・税額　等	【請求書等の記載事項】 ①年月日 ②書類の作成者の氏名又は名称 ③書類の交付を受ける当該事業者の氏名又は名称 ④資産又は役務の内容（軽減税率対象である場合その旨） ⑤税率の異なるごとに区分して合計した税込対価 ※税額の記載は任意	【インボイスの記載事項】 ①年月日 ②書類の作成者の氏名又は名称及び登録番号 ③書類の交付を受ける当該事業者の氏名又は名称 ④資産又は役務の内容（軽減税率対象である場合その旨） ⑤税率の異なるごとに区分して合計した対価（税抜き又は税込み）及び適用税率 ⑥税率の異なるごとに区分した消費税額等
――	免税事業者が発行した請求書等の場合にも、税額控除を容認。	インボイスがないため、仕入税額控除できない。

出典：財務省「主要国の付加価値税におけるインボイス制度の概要」

Q3 インボイス制度が導入されると、発行する請求書の記載事項が増えると聞いたのですが、どのような内容ですか？

適格請求書（インボイス）とは

　インボイスは、商取引における適用税率や消費税額を明記した「適格請求書」のことです。インボイス制度は、その適格請求書の交付や保存に関連する制度で、正式には「適格請求書等保存方式」と呼ばれます。インボイスとは、販売先に対し、税率と税額を正確に伝えるために、従来の区分記載請求書に「登録番号」と「適用税率」及び「税

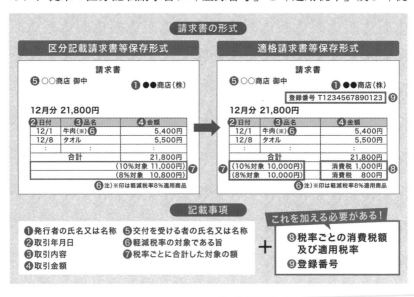

率ごとに区分した消費税額」を追記した請求書や納品書、利用明細といったものを指します。前ページの図表のうち⑧⑨の部分が追加されます。

　なお、適格請求書の様式は、法令等で定められていません。適格請求書として必要な事項が記載された書類（請求書、納品書、領収書、レシート等）であれば、その名称を問わず、また、手書きであっても、適格請求書に該当します。

Q4 インボイス制度が導入されると、消費税の納税額が増えることもあると聞いたのですが、本当ですか？

 消費税の負担と納付の流れ

　課税事業者は、預かった消費税から支払った消費税を控除して税務署（国）に消費税を申告・納付しています。

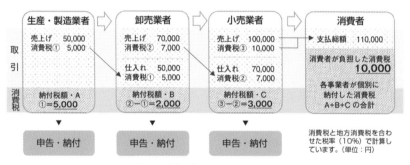

出典：国税庁「適格請求書等保存方式の概要〜インボイス制度の理解のために」

　上記図の生産・製造業者、卸売業者、小売業者がすべて課税事業者であれば、消費者の負担した消費税10,000円は、生産・製造業者が5,000円、卸売業者が2,000円、小売業者が3,000円それぞれ納付し、合計10,000円が税務署（国）に納付されます。

　しかし、免税事業者であると、消費税の申告・納付義務はないため、消費税を預かっていても消費税の納付はしません。

　仮に生産・製造業者が免税事業者であるとすると、売上げに係る消費税5,000円の納付はしなくてよいため、卸売業者の2,000円と小売業者の3,000円合計5,000円しか国には納付されないことになります。

　消費税を納付するときは、預かった消費税から支払った消費税を控除します。

　支払った消費税を控除することを「仕入税額控除」といいます。

　現在の消費税制度では、仕入税額控除の相手先が課税事業者であることを要件としていません。免税事業者や事業者ではない消費者から仕入れた場合でも、仕入税額控除を行うことができます。

 ## 仕入税額控除ができなくなる!?

　インボイス制度が始まると、適格請求書発行事業者として登録した事業者が発行した「適格請求書（インボイス）」の交付を受け、保存がないと仕入税額控除ができなくなります。インボイスではない従来の請求書では、支払った消費税を差し引くことができず、預かった消費税分全額を納税することになります。

　上記の生産・製造業者が適格請求書発行事業者とならず免税事業者のままを選択した場合、インボイスの発行はできないことから、卸売業者は仕入れに係る消費税5,000円を控除することができず、7,000円の納付をすることになります。

　消費税の納税額が大幅に増えることになってしまいます。ただし、インボイス制度開始から6年間は経過措置が設けられています。

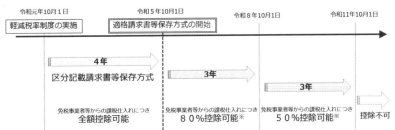

※　この経過措置による仕入税額控除の適用に当たっては、免税事業者等から受領する区分記載請求書と同様の事項が記載された請求書等の保存とこの経過措置の適用を受ける旨（80％控除・50％控除の特例を受ける課税仕入れである旨）を記載した帳簿の保存が必要です。

出典：国税庁「適格請求書等保存方式の概要～インボイス制度の理解のために」

Q5 私は免税事業者ですが、インボイス発行事業者の登録は必ずしなくてはならないのですか？

登録は任意！

　インボイスに登録をするかしないかは企業や個人の自由です。ただし、いま消費税を支払っている課税事業者はインボイス登録したほうがメリットは多くなります。免税事業者はインボイスに登録することで得られるメリット・デメリットを比較して、登録するかしないかを決めましょう。

◆インボイス発行事業者の登録申請を検討するためのフローチャート

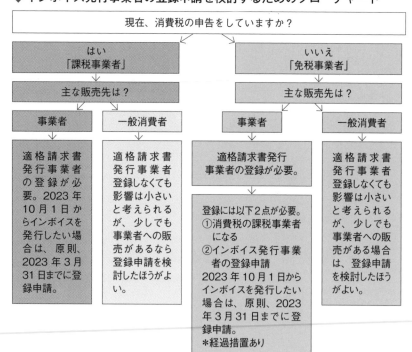

Q6 インボイス発行事業者の登録をすることを決めました。インボイスに所定のひな型などがあれば知りたいのですが

 インボイスの形は請求書だけじゃない

インボイス＝invoiceとは、もともとは英語で「商品の明細が付いた請求書」を意味します。日本語に翻訳するときは「送り状」と訳されることもありますが、私たちが書類や物品を送る際に付ける「添え状」のようなものではなく、明細書・請求書・納品書のすべてを兼ね合わせたものというイメージです。

2023年よりスタートする日本のインボイス制度のもとでは「インボイス」は単なる請求書ではありません。いわば「納税証明書付きの請求書」のことを消費税の世界では「インボイス」と呼ぶことになります。納税証明書付きということは、「法律で定められた事項が、ちゃんと記載されている（＝明細ごとに消費税率や税額が明記されている）」という意味です。消費税が8％と10％の複数税率になったことで、どの明細にどれだけの消費税がかかっているのか、売り手・買い手・税務署の誰が見てもわかるようにするためのものが、インボイス＝納税証明書付きの請求書なのです。

項目に抜け漏れがあると、インボイスとして認められない（＝仕入税額控除が行えない）ことになります。発行する側（売り手）が請求書や領収書のフォーマットを整えることはもちろん、受け取った側

（買い手）も記載内容をチェックしたり、抜け漏れがある場合に再発行を依頼したりする必要があります。

　実務では、取引先からの要望で、請求書や領収書へ記載する事項を調整することが多くあります。インボイス制度が始まるまでに取引先と事前にコミュニケーションを取り、お互いの対応方針を明確にしておいたほうがよいでしょう。

　また、インボイス（適格請求書）は、登録番号等の法定記載事項を記載することが義務づけられますが、その様式や書類名は特に定められていません。このため、請求書、領収書、納品書、レシート等のいずれであっても、必要な事項が記載されていればインボイスに該当します。「自社発行のどの書類をインボイス（適格請求書）とするか？」の検討や、「取引先が発行する書類のどれがインボイス（適格請求書）となるか？」の確認が必要になります。

　領収書やレシート形式のインボイスは、必要な記載事項を一部省略した「簡易インボイス」であることが多いです。簡易インボイスであっても、しっかり仕入税額控除の対象になるので、購入したものを経費で落としたいときには、インボイスを発行してくれるお店で購入するのがおすすめです。

　請求書でもインボイスを発行する際も、必要な記載事項さえ書いていれば、登録番号を記載する位置などに指定はありません。必要な記載事項も、これまでの請求書（区分記載請求書）と比べると、新しく付け加えなければならない項目は「登録番号の記載」と「税率ごとの合計額・消費税額」の２点だけです。既存の書類などをベースに、法定記載事項だけを追加、修正してインボイスに格上げするというイメージを持つとよいのではないでしょうか。重要なことは、最小限の労力とコストで首尾よくインボイス制度に移行するということです。

Q7 インボイス制度の開始日から、インボイスの発行をはじめたいです。いつまでに、どのような手続きが必要なのですか？

登録申請の流れ

　インボイス発行事業者になるためには登録申請が必要です。「適格請求書発行事業者の登録申請書」を税務署に提出すると、審査後に登録が承認され、「登録番号通知書」が交付されます。登録を受けた事業者は、国税庁が公開する適格請求書発行事業者公表サイトに掲載されるので、登録番号を基に登録を受けている事業者を検索できるようになります。登録の効力は、通知日基準ではなく、適格請求書発行事業者登録簿に登載された登録日に発生します。

◆ 適格請求書発行事業者の申請から登録まで

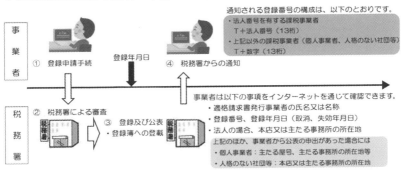

出典：国税庁「適格請求書等保存方式（インボイス制度）の手引き（令和4年9月版）」

2023年（令和5年）10月1日のインボイス制度開始から登録事業者になるためには、2023年3月31日までに登録を済ませておく必要があります。なお、免税事業者が登録を受けるためには原則、課税事業者となる必要がありますが、登録日が2023年10月1日から2029年9月30日までの日の属する課税期間中である場合は、「課税事業者選択届出書」を提出しなくても登録を受けることができます。

　交付される登録番号は以下の構成になります。

◆ 登録申請のスケジュール

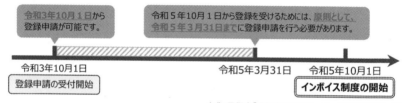

出典：国税庁「登録申請手続は、e-Taxをご利用ください!!」

 「適格請求書発行事業者」登録の申請方法

　登録手続きは、所轄税務署に「適格請求書発行事業者の登録申請書」を提出するだけで、登録事業者になる意思表示となります。

　登録申請は書面でもe-Taxでも提出可能で、所轄の税務署長は、登録申請があった事業者に対して書面かe-Taxで通知します。

❶ e-Taxによる提出

　パソコン用の「e-Taxソフト（WEB版）」やスマートフォンやタブレット用の「e-Taxソフト（SP版）」は、質問に回答していくことで入力漏れ等の心配がなく、スムーズに手続きを行うことができます。

申請時に「登録通知書の電子通知」に同意すれば登録通知をデータで受け取ることができます。e-Taxで登録通知を受けると、そのデータを添付して取引先に連絡することもできるので便利です。

◆ 登録申請手続は全てe-Taxで完結できます!!

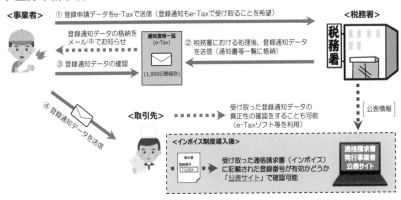

（注）事前にメールアドレスの登録を行った方にお知らせします。

出典：国税庁「登録申請手続は、e-Taxをご利用ください!!」

❷ 書面による提出

必要事項を記入し登録申請書を「インボイス登録センター」に郵送。

直接持参は不可。詳しくは、国税庁HPをご確認ください。

適格請求書発行事業者の登録申請書

【1／2】

収受印			
令和　年　月　日	（フリガナ）	（〒　－　）（法人の場合のみ公表されます）	
	住所又は居所（法人の場合）本店又は主たる事務所の所在地		（電話番号　　　－　　　－　　　）
申	（フリガナ）	（〒　－　）	
請	納税地		（電話番号　　　－　　　－　　　）
	（フリガナ）		
者	氏名又は名称		
	（フリガナ）		
	（法人の場合）代表者氏名		
＿＿＿＿税務署長殿	法人番号		

この申請書に記載した次の事項（ ◉ 印欄）は、適格請求書発行事業者登録簿に登載されるとともに、国税庁ホームページで公表されます。
1　申請者の氏名又は名称
2　法人（人格のない社団等を除く。）にあっては、本店又は主たる事務所の所在地
　なお、上記1及び2のほか、登録番号及び登録年月日が公表されます。
　また、常用漢字等を使用して公表しますので、申請書に記載した文字と公表される文字とが異なる場合があります。

　下記のとおり、適格請求書発行事業者としての登録を受けたいので、所得税法等の一部を改正する法律（平成28年法律第15号）第5条の規定による改正後の消費税法第57条の2第2項の規定により申請します。
　　※　当該申請書は、所得税法等の一部を改正する法律（平成28年法律第15号）附則第44条第1項の規定により令和5年9月30日以前に提出するものです。

　令和5年3月31日（特定期間の判定により課税事業者となる場合は令和5年6月30日）までにこの申請書を提出した場合は、原則として令和5年10月1日に登録されます。

事 業 者 区 分	この申請書を提出する時点において、該当する事業者の区分に応じ、□にレ印を付してください。
	□　課税事業者　　　　　　　　□　免税事業者
	※　次葉「登録要件の確認」欄を記載してください。また、免税事業者に該当する場合には、次葉「免税事業者の確認」欄も記載してください（詳しくは記載要領等をご確認ください。）。

令和5年3月31日（特定期間の判定により課税事業者となる場合は令和5年6月30日）までにこの申請書を提出することができなかったことにつき困難な事情がある場合は、その困難な事情	

税 理 士 署 名	
	（電話番号　　　－　　　－　　　）

※税務署処理欄	整理番号		部門番号		申請年月日	年　月　日	通信日付印 　年　月　日	確認
	入力処理	年　月　日	番号確認		身元確認	□ 済 □ 未済	確認書類 個人番号カード／通知カード・運転免許証 その他（　　　　）	
	登録番号 T							

注意　1　記載要領等に留意の上、記載してください。
　　　2　税務署処理欄は、記載しないでください。
　　　3　この申請書を提出するときは、「適格請求書発行事業者の登録申請書（次葉）」を併せて提出してください。

インボイス制度

国内事業者用

適格請求書発行事業者の登録申請書（次葉）

【2／2】

氏 名 又 は 名 称	

該当する事業者の区分に応じ、□にレ印を付し記載してください。

免税事業者の確認	□　令和5年10月1日から令和11年9月30日までの日の属する課税期間中に登録を受け、所得税法等の一部を改正する法律（平成28年法律第15号）附則第44条第4項の規定の適用を受けようとする事業者 ※　登録開始日から納税義務の免除の規定の適用を受けないこととなります。			

事業内容等	個 人 番 号		
	生 年 月 日（個人）又は設立年月日（法人）	○明治 ○大正 ○昭和 ○平成 ○令和　　年　　月　　日	法人のみ記載
			事業年度　自　　月　　日　至　　月　　日
			資本金　　　　　　　　　円
	事 業 内 容		登録希望日 （令和5年10月1日を希望する場合、記載不要）令和　年　月　日

	□　消費税課税事業者（選択）届出書を提出し、納税義務の免除の規定の適用を受けないこととなる課税期間の初日から登録を受けようとする事業者	課税期間の初日 ※　令和5年10月1日から令和6年3月31日までの間のいずれかの日 令和　　年　　月　　日

登録要件の確認	課税事業者です。 ※　この申請書を提出する時点において、免税事業者であっても、「免税事業者の確認」欄のいずれかの事業者に該当する場合は、「はい」を選択してください。	□ はい　□ いいえ
	納税管理人を定める必要のない事業者です。 （「いいえ」の場合は、次の質問にも答えてください。）	□ はい　□ いいえ
	納税管理人を定めなければならない場合（国税通則法第117条第1項） 【個人事業者】　国内に住所及び居所（事務所及び事業所を除く。）を有せず、又は有しないこととなる場合 【法人】　国内に本店又は主たる事務所を有しない法人で、国内にその事務所及び事業所を有せず、又は有しないこととなる場合	
	納税管理人の届出をしています。 「はい」の場合は、消費税納税管理人届出書の提出日を記載してください。 消費税納税管理人届出書　（提出日：令和　　年　　月　　日）	□ はい　□ いいえ
	消費税法に違反して罰金以上の刑に処せられたことはありません。 （「いいえ」の場合は、次の質問にも答えてください。）	□ はい　□ いいえ
	その執行を終わり、又は執行を受けることがなくなった日から2年を経過しています。	□ はい　□ いいえ

参考事項	

消費税調査は厳しくなる!?

　財務省によると、2021年度の日本の一般会計税収は67兆379億円と、2年連続過去最高となりました。

　税収トップは消費税で21兆8,886億円です。税収全体の32.6％を占めます。消費税は2019年10月から税率が10％に上がり、その効果が初めて通年であらわれた2020年度に所得税を抜いて初めて最大の額になりました。

　続いて多いのが所得税で21兆3,822億円、法人税が13兆6,428億円と続きます。

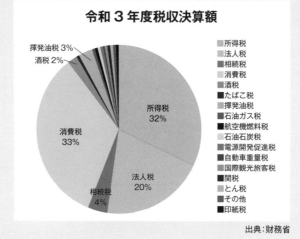

令和3年度税収決算額

揮発油税 3%
酒税 2%
所得税 32%
消費税 33%
法人税 20%
相続税 4%

凡例：所得税、法人税、相続税、消費税、酒税、たばこ税、揮発油税、石油ガス税、航空機燃料税、石油石炭税、電源開発促進税、自動車重量税、国際観光旅客税、関税、とん税、その他、印紙税

出典：財務省

国税庁の重点的取組みの一つが消費税調査

　今や国の1番の税収が消費税です。財源としての重要性がますます高まることから、国税庁では、消費税調査を重点的取組みの一つに取り上げています。最近では、国税局及び税務署の消費税調査における体制が見直され、専門部隊が従来よりも深度ある調査で実績を上げています。

　消費税の税務調査で重点となる事項は、次のようなケースです。

消費税の税務調査で重点となる事項
・消費税の還付請求の事案

　インボイス制度がスタートすれば、国税当局も消費税に関して適正に処理をしているのかなど、厳しくチェックしてくることは明らかです。今からきちんとインボイス対応を進めていくことは、将来の経営リスクの軽減にもつながります。

第 2 章

登録の選択を迫られる！

個人事業主 からみた インボイス制度

インボイス登録するかしないかの判断として、2年前の売上げが重要となると聞いたのですが、どのような内容ですか?

 納税義務のボーダーは売上げ1,000万円!

　フリーランス・個人事業主はインボイス制度について、どのような対応を取るべきでしょうか。一つの指標として、年間売上高が常に1,000万円を超えているか否かで判断できます。個人事業主の場合、2年前の年間売上高が1,000万円以下なら、消費税の納付が免除されます。1,000万円を超えていた場合、消費税を納めなければなりません。このように消費税を納めるか否かのボーダーは1,000万円となります。

　個人事業主は、個々の仕事の状況によって臨機応変に対応する必要があります。また、個人事業主は、自分の仕事の状況を鑑みて、インボイスを登録するか、しないかの判断をしなくてはならないでしょう。

　インボイスの交付を受けるためにインボイス発行事業者(適格請求書発行事業者)の登録をすると、課税事業者として消費税の申告が必要になります。つまり、インボイスの登録をすると自動的に課税事業者になるため、いままで免税事業者だった年間売上高1,000万円以下の事業者は消費税の申告をし、消費税を納めることになるということです。そのため、インボイスの登録は慎重に行わなければなりません。

　常に年間売上高が1,000万円を超える個人事業主はインボイスの登録は迷わないでしょう。なぜなら、インボイスを登録しても登録して

いなくとも常に年間売上高が1,000万円を超えるため、常に消費税の課税事業者であり、消費税を納める義務が生じます。もとから消費税の課税事業者であるので、インボイスの登録を行っても困ることはほぼないに等しいといえます。登録しないデメリットのほうが多いので、なるべく早めに登録の準備を進めていきましょう。

 免税事業者の登録は慎重に……

　問題なのは、インボイス制度に不安を抱えている免税事業者です。開業してから何年も免税事業者である場合、インボイスを登録すると、それまで申告しなくてもよかった消費税の申告の負担が増えます。もちろん消費税の申告をするので納税も必然的に加わることになります。

　インボイスの登録をしないで、免税事業者のままでいることを取引先に伝えないでおくと、後々取引先とトラブルになる可能性もあります。インボイスの登録は判断が難しいですが、登録するのかしないのか決断を早めにしておけば、それからの対応を考える時間も増えます。インボイスの登録をするかしないか、もし決めたら早めに取引先に伝えることがトラブルを回避する最善の手といえます。

　決断を早めに決めて対応を急いでも、その判断が間違うこともあります。間違った場合でもそんなに焦らなくても大丈夫でしょう。なぜなら、インボイスの登録は2023年10月のインボイス制度導入以降でも可能なため、1つの手として、取引先の様子や世間の経済状況を見て、そこからどちらに行くのか決めてもよいといえます。また、インボイス制度導入後の2023年10月から3年間は免税事業者へ支払った消費税のうち80％を控除することができます。インボイスを登録しなかったからといって突然仕事の依頼が来なくなったりする可能性は低いと思われますが、どこかで決断が必要です。

Q9 フリーランスですが、今まで消費税の申告をしたことがありません。できれば免税事業者のままでいたいのですが、デメリットがあれば教えてください

 ### 取引先の消費税納税額が増える!?

　インボイスが始まっても免税事業者（消費税を国に納める義務のない事業者）となるか課税事業者（消費税を国に納める義務のある事業者）となるかの選択はその事業主に判断が任されたままです。この点は改正前と変わりがありません。ただ免税事業者のままでいると、単価の減少、受注数の減少により売上げに影響がある可能性があります。

　なぜかと言うと、仕事の発注者の消費税の納税額に影響を与えるからです。具体例を挙げます（消費税率は10％とします）。

　ある企業が予算1,000,000円の仕事を外注しようとしているとします。支払額は消費税分100,000円を含めた1,100,000円となります。この仕事を免税事業者Aと課税事業者Bに依頼するとします。

　2023年9月までは、発注した企業はABどちらに依頼しても控除できる金額は100,000円です。しかし、2023年10月からは免税事業者Aに発注した場合、100,000円の消費税の控除ができなくなります。仮にAとBで仕事の質が変わらなかったらどうでしょうか。発注する企業としては消費税の控除ができるBのほうに仕事を依頼する動機が働きます。

また、免税事業者Ａと課税事業者Ｂのように競合がいる場合でなくても、単価を引き下げる圧力がかかる可能性があります。

インボイス制度に対応した請求書を発行できないと、取引先に自分が免税事業者であることを伝えることになります。取引先が「国に消費税を納めていないのだから、消費税分は値下げさせて欲しい」と思うのは自然なことです。

上記のように、インボイス制度が始まると受注数の減少、単価の引下げ圧力がかかります。

しかし、このような圧力がかからない事業者もいます。そのような事業者は以下の３つです。

1、売上先が消費者又は免税事業者である場合

売上先が消費者又は免税事業者である場合は、消費者及び免税事業者は仕入税額控除を行わないため、インボイスの保存を必要としません。

2、売上先の事業者が簡易課税制度を適用している場合

売上先の事業者が簡易課税制度を適用している場合は、インボイスを保存しなくても仕入税額控除を行うことができます。

3、自分の商品やサービスが非課税売上の場合

自分の商品やサービスが非課税売上の場合は、そもそもいままでも消費税分を上乗せして請求をしていなかったため今回の改正については関係がありません。

上記のようなことを考慮し、自分が免税事業者のままでいいか、課税事業者になるべきかをご検討ください。

Q10 免税事業者ですが、取引先がほとんど法人のためインボイス登録をすることに決めました。課税事業者になると思いますが、どのような影響が考えられますか？

 ### 消費税申告のための事務負担が増える

　課税事業者になった場合、消費税を納税しなければならなくなります。納付する消費税の計算方法は2種類ありますが、そのうち原則である原則課税の計算方法はざっくりと下記のとおりとなります。

〈原則課税の計算式〉

消費税の納付税額	＝	課税売上げに係る消費税額	－	課税仕入れ等に係る消費税額（実額）

　このような計算を行わなくてはならないため、課税事業者になったら消費税の計算事務手続きが煩雑で負担がかかるというデメリットも生じます。ただし、後述するもう一つの消費税の計算方法である簡易課税を選択すれば多少その計算事務手続きの負担が軽減する可能性もあります。

取引先との取引継続のメリットも

　課税事業者になりインボイス登録した場合には上記のようなデメリットがありますが、メリットとしては、既存の取引先との関係が続きやすいといったことが挙げられます。これは課税事業者になりインボイス登録をしていると取引先が課税事業者で原則課税を選択している場合には、消費税の納付額を減少させることができるからです。逆に課税事業者にならないといった決定を行えばインボイス登録はできないため、他のインボイス登録を行っている事業者に切り替えられるといったおそれが生じます。

　このようなことは既存の取引先のみならず新規の取引先を開拓しようとする場合にも生じます。消費税の負担額が変わってくるので、他の条件が同等であると仮定するとインボイス登録を行っていない事業者より、課税事業者でありインボイス登録を行っている事業者を選択するほうが経済合理性上、理にかなっているといえます。

Q11 国に納める消費税額の計算方法が2つあると聞きました。納税額に違いが生じるのでしょうか？

 簡便な計算方法

　課税事業者になった場合には消費税を計算し納税しなければなりません。その際の消費税額の計算方法には原則課税と簡易課税の2種類の計算方法があります。原則である原則課税の基本的な計算方法は以下のようになります。

〈原則課税の計算式〉

消費税の納付税額	＝	課税売上げに係る消費税額	ー	課税仕入れ等に係る消費税額（実額）

　一方で簡易課税の基本的な計算方法は以下のようになります。

〈簡易課税の計算式〉

消費税の納付税額	＝	課税売上げに係る消費税額	ー	課税売上げに係る消費税額×みなし仕入率

 選択するには要件がある！

　このように簡易課税では売上げにより預かった消費税を集計すれば消費税額を計算することができ、仕入れにより支払った消費税を集計しなくても計算できるため原則課税に比べて事務作業の負担が軽減されるといえます。また、みなし仕入率は業種によって6つの事業区分

に区分けされ、その区分けによりみなし仕入率も異なり90%〜40%となります。そのため、「実際に支払った消費税」と比べて「売上げにより預かった消費税×自身の事業区分のみなし仕入率」が多い場合には、売上げにより預かった消費税から多く控除できるため納付する消費税を減少させることができます。

　このようなメリットがある簡易課税ですが、簡易課税を選択できるのは2年前の年間売上げが5,000万円以下である必要があります。また、一度簡易課税を選択してしまうとその後2年間は原則課税に戻れないので注意が必要となります。

◆簡易課税制度の事業区分の表

事業区分	みなし仕入率	該当する事業
第1種事業	90%	卸売業(他の者から購入した商品をその性質、形状を変更しないで他の事業者に対して販売する事業)をいいます。
第2種事業	80%	小売業(他の者から購入した商品をその性質、形状を変更しないで販売する事業で第1種事業以外のもの)、農業・林業・漁業(飲食料品の譲渡に係る事業)をいいます。
第3種事業	70%	農業・林業・漁業(飲食料品の譲渡に係る事業を除く)、鉱業、建設業、製造業(製造小売業を含みます。)、電気業、ガス業、熱供給業および水道業をいい、第1種事業、第2種事業に該当するものおよび加工賃その他これに類する料金を対価とする役務の提供を除きます。
第4種事業	60%	第1種事業、第2種事業、第3種事業、第5種事業および第6種事業以外の事業をいい、具体的には、飲食店業などです。なお、第3種事業から除かれる加工賃その他これに類する料金を対価とする役務の提供を行う事業も第4種事業となります。
第5種事業	50%	運輸通信業、金融・保険業 、サービス業(飲食店業に該当する事業を除きます。)をいい、第1種事業から第3種事業までの事業に該当する事業を除きます。
第6種事業	40%	不動産業

出典：国税庁「タックスアンサーNo.6509　簡易課税制度の事業区分」

簡易課税制度とインボイス制度の注意点

インボイス制度における簡易課税制度の選択で注意すること

簡易課税制度を選択する場合、以下の2点について検討しましょう。

①インボイスの発行

簡易課税の選択事業者も、インボイスを発行したければ適格請求書発行事業者にならなければなりません。インボイス制度では、インボイスのみが仕入税額控除の対象となるため、取引先からインボイスの発行を求められる可能性があります。

②インボイスの保存

簡易課税の選択事業者の場合、受け取った納品書や請求書等がインボイスでなくても、消費税の仕入税額控除ができます。これまでどおりの計算方式で納税ができ、国税関係帳簿書類の保存方法も変える必要はありません。

簡易課税制度を選択する場合の届出書の提出

簡易課税制度は、課税期間の基準期間の課税売上高が5,000万円以下であり、原則として、適用を受けようとする課税期間の初日の前日までに「消費税簡易課税制度選択届出書」を提出している場合に適用することができます。

ただし、免税事業者が2023年（令和5年）10月1日から2029年（令和11年）9月30日までの日の属する課税期間に適格請求書発行事業者の登録を受け、登録を受けた日から課税事業者となる場合、その課税期間から簡易課税制度の適用を受ける旨を記載した届出書をその課税期間中に提出すれば、その課税期間から簡易課税制度を適用することができます。

例 免税事業者である個人事業者や12月決算の法人※が、令和5年10月1日から登録を受ける場合で、令和5年12月期から簡易課税制度を適用するとき

※ 令和3年12月期（基準期間）の課税売上高が5,000万円以下の事業者

令和4年12月期	令和5年12月期	令和6年12月期
	登録申請手続の期限（原則として令和5年3月31日） 登録日（令和5年10月1日）	**登録日以降は課税事業者となるため 消費税の申告が必要**
免税事業者	免税事業者	適格請求書発行事業者（課税事業者） 適格請求書発行事業者（課税事業者）

消費税簡易課税制度選択届出書の提出期限
（令和5年12月31日）
令和5年12月期から適用を受ける旨を記載して提出

出典：国税庁「適格請求書等保存方式の概要～インボイス制度の理解のために」

簡易課税の選択事業者

インボイスの発行

インボイスの保存

Q12 個人で飲食店を営む免税事業者です。インボイス登録をした場合、すべてのお客様にインボイスを発行しなければなりませんか？

 B to Bか？　B to Cか？

　顧客のほとんどが消費者である場合（主に飲食店や小売業の事業者）、消費者に対してインボイスを発行する必要はありません。なぜなら、インボイス発行事業者のインボイス交付義務は、課税事業者から求められた場合に生じるためです。したがって、消費者に対して、インボイスを交付する義務はありません。

　インボイスの交付は義務ではありませんが、モノを購入したり、サービスを受ける者が、インボイスを請求する場合、その者は、消費税を納める法人や個人事業主（課税事業者）となります。

　いってみれば、BtoBの関係である場合には、インボイスの発行が必要となります。

　上述のとおり、BtoCの関係である場合には、消費者に対してはインボイスの発行は不要となります。

　BtoBかBtoCの売上げの割合によっても、インボイスの発行がそもそも必要か否か、検討する必要があると想定されます。

　99％はBtoBで、残り1％がBtoCの場合であれば、インボイスの発

行は必要ですし、99％はBtoCで、残り1％がBtoBの場合であれば、BtoBのお客さんに対してのみ、インボイスの発行をすればよいこととなります。

　インボイスの要件を満たすためには、請求書・領収書等に「登録番号」「税率ごとに区分した消費税額等」「適用税率」の記載が必要となります。

　この要件を満たすにあたって、消費者相手の事業者では、領収書やレシートを必ず発行するため、レジスターに「登録番号」「税率ごとに区分した消費税額等」「適用税率」の追加といった、機能改修のコストが発生します。

　日々のオペレーションと、改修コストや手間暇も天秤にかけて、インボイス登録するかを検討していただきたいところです。

Q13 私は個人商店を営んでおり、1日に大量のレシートを発行しています。インボイスの発行にあたり、何か簡便的な方法はあるのでしょうか？

 特定の業種は一部の記載事項を省略できる

　飲食店、ショップ、コンビニ、タクシー、駐車場、旅行業など取引先が不特定多数である事業者が適格請求書を発行する場合には、会計を済ませたお客さんに、その都度氏名や名称を聞いて適格請求書を発行しなければなりません。

　このような形で業務を行うことは、現実的に考えてとても手間がかかります。そこで、こういった業種の事業者については、内容を省略した適格簡易請求書（簡易インボイス）の発行が認められています。

　省略が可能となる項目は、以下の2つの項目です。

　①購入者の氏名（会社名）

　②適用税率と消費税額のいずれかの記載でOK

　適格簡易請求書の詳細については以下の図を参照ください。

 手書きで追記もOK！

　また、簡易インボイスについては、請求書の形式でなく、通常の領収書（手書きも可）やレシートでも登録番号以外の要件を満たすものが多く発行されています。

【記載事項】　○　下線の項目が、現行の区分記載請求書の記載事項に追加される事項です。

　　　　　　　○　不特定多数の者に対して販売等を行う小売業、飲食店業、タクシー業等に係る取引については、適格請求書に代えて、**適格簡易請求書**を交付することができます。

適格請求書	適格簡易請求書
① 適格請求書発行事業者の氏名又は名称及び <u>登録番号</u>	① 適格請求書発行事業者の氏名又は名称及び <u>登録番号</u>
② 取引年月日	② 取引年月日
③ 取引内容（軽減税率の対象品目である旨）	③ 取引内容（軽減税率の対象品目である旨）
④ 税率ごとに区分して合計した対価の額 （税抜き又は税込み）及び<u>適用税率</u>	④ 税率ごとに区分して合計した対価の額 （税抜き又は税込み）
⑤ <u>税率ごとに区分した消費税額等※</u>	⑤ <u>税率ごとに区分した消費税額等※又は適用税率</u>
⑥ 書類の交付を受ける事業者の氏名又は名称	

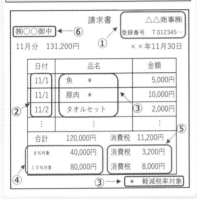

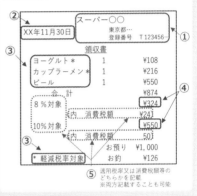

※　⑤の「税率ごとに区分した消費税額等」の端数処理は、一の適格請求書につき、税率ごとに１回ずつとなります。 ⇒ 「税率ごとに区分した消費税額等」の端数処理については P9

出典：国税庁「適格請求書等保存方式の概要〜インボイス制度の理解のために」

　したがって、登録番号の記載がない領収書やレシートでも、登録番号を記載することで簡易インボイスの要件を満たすことが可能となります。

　そこで、無理にインボイス対応のレジに買い替えなくとも、お客さんに簡易インボイスの発行を求められた際にのみ、登録番号を手書きで記入する、ゴム印を押すなどして対応することが、簡易インボイスでは可能になります。買い手についても、通常のレシートに登録番号の記載があるだけで、簡易インボイスの要件を満たすことから、それほど手間のかかる行為にはなりません。

Q14 個人で飲食店を営んでおり、領収書に屋号を使用しています。インボイス制度の導入後、注意すべき点はありますか？

　現行、請求書等に記載する名称については、例えば、請求書に電話番号を記載するなどし、請求書を交付する事業者を特定することができる場合、屋号や省略した名称などの記載でも差し支えありません。

　インボイスに記載する名称についても同様に、例えば、電話番号を記載するなどし、インボイスを交付する事業者を特定することができれば、屋号や省略した名称などの記載でも差し支えないこととなります。

適格請求書発行事業者公表サイトへの公表

　適格請求書発行事業者として登録をした場合には、適格請求書発行事業者公表サイトに一定の情報が掲載されます。屋号については、自らの申し出がない限りは掲載されないこととなっています。

　そのため、請求書等に屋号を使用している場合、インボイス制度の導入後も継続して屋号表記をお考えの場合には、適格請求書発行事業者公表サイトでも屋号を公表されたほうが、取引先にとっての確認も手間が省けます。

　手続きについては、「適格請求書発行事業者の登録申請書」の他に、「適格請求書発行事業者の公表事項の公表（変更）申出書」を提出す

るだけです。登録申請書と同時に申出書を提出することも、登録申請書の提出の後に、別途申出書のみ提出することも可能です。

適格請求書発行事業者の公表事項の公表（変更）申出書

収受印				
令和　年　月　日	申出者	（フリガナ）		
		納　税　地	（〒　　－　　）	
				（電話番号　　　－　　　－　　　　）
		（フリガナ）		
		氏 名 又 は 名 称 及 び 代 表 者 氏 名		
＿＿＿税務署長殿		法 人 番 号	※ 個人の方は個人番号の記載は不要です。	
		登 録 番 号	T	

国税庁ホームページの公表事項について、下記の事項を追加（変更）し、公表することを希望します。

		新たに公表を希望する事項の□にレ印を付し記載してください。		
新 た に 公 表 す る 事 項	個 人 事 業 者	□ 主 た る 屋 号 複 数 あ る 場 合 任 意 の 一 つ	（フリガナ）	
		□ 主 た る 事 務 所 の 所 在 地 等 複 数 あ る 場 合 任 意 の 一 個 所	（フリガナ）	
		□ 通 称 □ 旧 姓（旧 氏）氏 名 住民票に併記されている通称又は旧姓(旧氏)に限る	いずれかの□にレ印を付し、通称又は旧姓(旧氏)を使用した氏名を記載してください。 □ 氏名に代えて公表 □ 氏名と併記して公表	（フリガナ）
	人格のない社団等	□ 本 店 又 は 主 た る 事 務 所 の 所 在 地	（フリガナ）	

変 更 の 内 容		既に公表されている上記の事項について、公表内容の変更を希望する場合に記載してください。	
	変 更 年 月 日	令和　　年　　月　　日	
	変 更 事 項	（個人事業者）　□ 屋号　□ 事務所の所在地等　□ 通称又は旧姓(旧氏)氏名 （人格のない社団等）　□ 本店又は主たる事務所の所在地	
	変 更 前	（フリガナ）	
	変 更 後	（フリガナ）	

※ 常用漢字等を使用して公表しますので、申出書に記載した文字と公表される文字とが異なる場合があります。

参 考 事 項	
税 理 士 署 名	（電話番号　　　－　　　－　　　　）

※税務署処理欄	整 理 番 号		部 門 番 号		
	申 出 年 月 日	年　月　日	入 力 処 理	年　月　日	番 号 確 認

注意　1　記載要領等に留意の上、記載してください。
　　　2　税務署処理欄は、記載しないでください。

インボイス制度

Q15 免税事業者です。インボイス登録は2023年（令和5年）3月31日までに行う必要があると聞きましたが、この日を過ぎるとインボイス登録ができなくなるのでしょうか？

 免税事業者の適格請求書発行事業者登録

　免税事業者が適格請求書発行事業者の登録を受けるためには、原則として「消費税課税事業者選択届出書」を提出して課税事業者となる必要があります。

　なお、免税事業者が課税事業者となることを選択した課税期間の初日からインボイス制度の登録を受けようとする場合には、その課税期間の初日の前日から起算して1月前の日までに登録申請書を提出しなければなりません。

 消費税課税事業者選択届出書

　事業者が基準期間における課税売上高が1,000万円以下である課税期間において課税事業者を選択しようとする場合に提出するものです。したがって、課税事業者となることを選択しようとする課税期間の初日の前日までに、この届出書を提出する必要があります。

基準期間について

　個人事業者についてはその年の前々年、法人についてはその事業年度の前々事業年度（当該前々事業年度が1年未満である法人については、その事業年度開始の日の2年前の日の前日から同日以後1年を経過する日までの間に開始した各事業年度を合わせた期間）をいいます。

経過措置の登録について

　2023年（令和5年）10月1日から2029年（令和11年）9月30日までの日の属する課税期間中に登録を受ける場合は、登録を受けた日から課税事業者となることが可能です（経過措置）。

　この場合「消費税課税事業者選択届出書」の提出は必要ありません。

例 個人事業者や12月決算の法人が、令和5年10月1日から登録を受ける場合

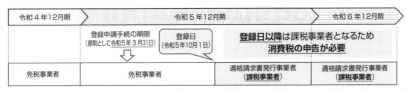

出典：国税庁「適格請求書等保存方式の概要～インボイス制度の理解のために」

登録にあたっての留意点

●適格請求書発行事業者になると…

①基準期間の課税売上高が1,000万円以下となっても、登録の効力が失われない限り、消費税の申告が必要です。

②取引先（課税事業者）から求められたときは、インボイスを交付しなければなりません。

●上記経過措置の適用を受ける場合、登録を受けた日から2年を経過する日の属する課税期間の末日までは、免税事業者となることはできない（登録を受けた日が令和5年10月1日の属する課税期間である場合を除きます）ため、「適格請求書発行事業者の登録の取消しを求める旨の届出書」を提出し、登録の効力が失われても、基準期間の課税売上高にかかわらず、課税事業者として消費税の申告が必要となります。

売上げ1,000万円以下となっても
消費税の申告が必要なんだ！

Q16 インボイス登録をしていた親から事業を承継しました。インボイスの発行を継続したい場合、あらためて適格請求書発行事業者の登録は必要になりますか?

　相続人がインボイスの発行を継続するためには、改めて適格請求書発行事業者の登録申請を行う必要がありますが、死亡時期によりその対応が異なってきますので注意が必要です。

令和5年10月1日より前に死亡した場合

　令和5年10月1日から登録を受けることとされていた事業者が、令和5年10月1日より前に死亡した場合は、登録の効力は生じません。したがって、相続により事業を承継した相続人が、適格請求書発行事業者の登録を受けるためには、登録申請書を提出する必要があります（相続人がすでに登録申請書を提出していた場合を除きます）。

　令和5年10月1日から登録を受けようとする場合は、原則として、令和5年3月31日までに登録申請書を提出する必要がありますが、令和5年3月31日までに登録申請書を提出できなかったことにつき困難な事情がある場合に、令和5年9月30日までの間に登録申請書にその困難な事情を記載して提出し、税務署長により適格請求書発行事業者の登録を受けたときは、令和5年10月1日に登録を受けたこととみなされる措置が設けられています。

相続による事業承継は、この困難な事情に該当しますので、令和5年9月30日までに登録申請書を提出していただければ、令和5年10月1日から登録を受けることができます。

なお、登録申請を行った事業者が死亡した場合は、相続人は「個人事業者の死亡届出書」の提出が必要です。

令和5年10月1日以後に死亡した場合

令和5年10月1日以後に適格請求書発行事業者が死亡した場合、その相続人は「適格請求書発行事業者の死亡届出書」を提出する必要があり、届出書の提出日の翌日又は死亡した日の翌日から4月を経過した日のいずれか早い日に登録の効力が失われます。

また、相続により事業を承継した相続人が、適格請求書発行事業者の登録を受けるためには、相続人は登録申請書の提出が必要となります。

なお、相続により適格請求書発行事業者の事業を承継した相続人の相続のあった日の翌日から、その相続人が適格請求書発行事業者の登録を受けた日の前日又はその相続に係る適格請求書発行事業者が死亡した日の翌日から4月を経過する日のいずれか早い日までの期間については、相続人を適格請求書発行事業者とみなす措置が設けられており、この場合、被相続人の登録番号を相続人の登録番号とみなすこととされ、相続人は被相続人の登録番号を使用してインボイスの発行を継続できることになります。

第4号様式

適格請求書発行事業者の死亡届出書

収受印			
令和　年　月　日	届 出 者	（フリガナ）	
		住　所　又　は　居　所	（〒　　－　　　） （電話番号　　　－　　　－　　　）
		（フリガナ）	
		氏　　　　　　名	
＿＿＿＿＿税務署長殿		個　人　番　号	

　下記のとおり、適格請求書発行事業者が死亡したので、消費税法第57条の3第1項の規定により届出します。

死　亡　年　月　日		令和　　　　年　　　　月　　　　日
死亡した適格請求書発行事業者	（フリガナ）	
	納　税　地	（〒　　－　　　）
	（フリガナ）	
	氏　　　　　名	
	登　録　番　号	T
届出者と死亡した適格請求書発行事業者との関係		
相続による届出者の事業承継の有無		適格請求書発行事業者でない場合は、有無のいずれかを○で囲んでください。 有　・　無
参　　考　　事　　項		
税　理　士　署　名		（電話番号　　　－　　　－　　　）

※税務署処理欄	整　理　番　号		部　門　番　号		届出年月日	年　　月　　日		
	入　力　処　理	年　月　日	番号確認		身元確認	□ 済 □ 未済	確認書類	個人番号カード／通知カード・運転免許証 その他（　　　　　　　）

注意　1　記載要領等に留意の上、記載してください。
　　　2　税務署処理欄は、記載しないでください。

Q17 インボイス制度への移行を機に、知人たちと法人化を検討しています。法人化によるメリット・デメリットなどがあれば教えてください

 法人化した場合のメリットは

1、年間の利益が多いなら、税金が安くなる

個人事業主に課される所得税は、所得が大きいほど税額が高くなる制度ですが、法人に課される法人税は、税率が固定されているため、所得が高い人は法人化にメリットがあります。

2、経費で落とせるものが増える

法人では、自分への給与や退職金を経費として、所得金額から差し引かれるため、税額がその分低くなります。

3、欠損金の繰越控除の期間が長い

個人事業主で青色申告の場合は、3年間しか過去の赤字を繰り越すことができませんが、法人で青色申告の場合は、10年間過去の赤字を繰り越すことができます。

法人化した場合のデメリットは

1、所得が少ないと税負担が増える

法人税の最低税率は15%であるのに対し、所得税の最低税率は5%です。

2、設立に費用と手間がかかる

設立費用は、少なくとも株式会社では20万円、合同会社では10万円はかかり、さまざまな手続きを行う必要もあります。

3、社会保険の加入が必須

個人の場合は常時従業員を5人以上雇用している事務所について、社会保険（厚生年金・健康保険）の加入が必須となりますが、法人の場合は社長一人だけの会社であっても、社会保険への加入が義務となります。保険料は、従業員と会社で半分ずつ出すという決まりがあるため、社会保険料分の負担が増えることになります。

 ## 法人化する上で必要な手続き

①会社の基本事項（形態、社名、事業目的、本店住所、役員構成、資本金など）を決める

②必要書類（会社の印鑑、印鑑証明書など）や定款の準備と作成を行う

③公証人による定款認証手続きを行う（株式会社の場合のみ）

④資本金の振込（発起人、もしくは発起人総代の個人口座に資本金を振り込む）

⑤法務局で登記申請を行う

Q18 確定申告における「青色申告」とは何でしょうか？

所得税などの節税効果

　適格請求書発行事業者になった場合は、課税事業者となるため消費税の納税負担がかかるようになります。この負担を効率よく補填するために、白色申告の人は青色申告へ移行を図るべきです。

　個人事業主では、青色申告へ移行すると、所得税を計算する際にいくつかの条件を満たした場合、青色申告特別控除として、10万円・55万円・65万円のいずれかを所得から差し引くことができます。この控除額が大きければ大きいほど、課税される所得金額を抑えることができ、大きな節税につながるといえます。

　例えば課税される所得金額が330万円を超え695万円以下である場合、所得税率は20％です。この場合、白色申告から青色申告へ移行し、65万円の青色申告特別控除の適用を受けた場合、65万円×20％=13万円の所得税が節税できます（復興特別所得税を考慮しない場合）。

　さらに所得税だけではなく、個人住民税や社会保険料の節税効果も期待することができるので、大きなメリットがあるといえます。

必要な手続き

　青色申告を開始するには、「所得税の青色申告承認申請書」を所轄の税務署に提出するだけです。開業した年において、その年から青色申告を適用したい場合、提出期限には注意が必要です。

＜提出期限＞

・個人事業を開始した場合

①開業日が1月1日〜1月15日の場合

→　青色申告を適用したい年の3月15日

②開業日が1月16日以降の場合　→　開業日から2か月以内

・白色申告から青色申告へ変更する場合

青色申告を適用したい年の3月15日

上記期間を過ぎると、翌年からの適用となります。

〈青色申告特別控除の要件まとめ〉

適用要件 / 青色申告特別控除額	従来の要件			追加された要件
	複式簿記（正規の簿記の原則で記帳）	貸借対照表と損益計算書を添付	期限内に申告	e-Taxで電子申告又は電子帳簿保存
65万円	○	○	○	○
55万円	○	○	○	—
10万円	（簡易な記帳）	—	—	—

出典：国税庁HP「確定申告書等作成コーナー　よくある質問」

青色申告特別控除は

10万円　55万円　65万円

所得控除できる！

		1	0	9	0

所得税の青色申告承認申請書

_____税務署長

_____年_____月_____日提出

納 税 地	○住所地・○居所地・○事業所等（該当するものを選択してください。） （〒　　　－　　　） （TEL　　　－　　　－　　　）
上記以外の 住 所 地 ・ 事 業 所 等	納税地以外に住所地・事業所等がある場合は記載します。 （〒　　　－　　　） （TEL　　　－　　　－　　　）

フ リ ガ ナ 氏　　名		生年月日	○大正 ○昭和 ○平成 ○令和	年　月　日生
職　　業		フリガナ 屋　号		

令和_____年分以後の所得税の申告は、青色申告書によりたいので申請します。

1 事業所又は所得の基因となる資産の名称及びその所在地（事業所又は資産の異なるごとに記載します。）

名称_____　所在地_____

名称_____　所在地_____

2 所得の種類（該当する事項を選択してください。）

○事業所得　・○不動産所得　・○山林所得

3 いままでに青色申告承認の取消しを受けたこと又は取りやめをしたことの有無

(1) ○有（○取消し・○取りやめ）_____年_____月_____日　(2) ○無

4 本年1月16日以後新たに業務を開始した場合、その開始した年月日　_____年_____月_____日

5 相続による事業承継の有無

(1) ○有　相続開始年月日_____年_____月_____日　被相続人の氏名_____　(2) ○無

6 その他参考事項

(1) 簿記方式（青色申告のための簿記の方法のうち、該当するものを選択してください。）

○複式簿記・○簡易簿記・○その他（_____）

(2) 備付帳簿名（青色申告のため備付ける帳簿名を選択してください。）

○現金出納帳・○売掛帳・○買掛帳・○経費帳・○固定資産台帳・○預金出納帳・○手形記入帳
○債権債務記入帳・○総勘定元帳・○仕訳帳・○入金伝票・○出金伝票・○振替伝票・○現金式簡易帳簿・○その他

(3) その他

関与税理士 （TEL　　　－　　　－　　　）						
税務署整理欄	整 理 番 号	0	関係部門連絡	A	B	C
	通 信 日 付 印 の 年 月 日	確　認				
	年　月　日					

第 3 章

取引先との対話が重要！

企業からみた
インボイス制度

インボイスを発行できない仕入先があると、消費税の納税額が増えると聞いたのですが、どのような仕組みですか？

　インボイス制度が始まると、経理部の他にも請求書を受け取る商品部や請求書を発行する営業部など、さまざまな部門がインボイス制度に関わります。インボイス制度を理解していない部門が一つでも存在すると取引自体に悪影響を及ぼし、取引先に迷惑をかけます。取引中止等につながり、それに伴い売上げや利益が減少すれば、会社員に支払う給料やボーナスが減少することにもつながりかねません。インボイス制度によって何がどのように変わるのかを各部門が事前に認識することはもちろんのこと、すべての部門が当事者意識を持ち足並みを揃えて取り組んでいくことが重要です。

免税事業者との取引で損をする？

　課税事業者が適格請求書発行事業者に登録することで発行できるようになるものがインボイスです。消費税の計算（売上げの消費税から仕入れの消費税を引いて納付額を出す）は従来と変わりません。しかしインボイス制度が始まると、制度に対応していない請求書を受け取った場合は仕入税額控除ができなくなります（経過措置あり）。

　具体例を挙げてみます。

〈インボイス制度開始前〉

　課税事業者が、3,300円(内消費税3,000円)の材料を仕入れたとします。この時点で300円の消費税を支払っている状態です。その材料を使って完成させた商品11,000円（内消費税1,000円）を売ったとします。この時点で会社には売った消費税1,000円を預かっている状態なので、単純に計算すると、

預かった消費税1,000円－支払った消費税300円＝700円

が税務署に申告し、納付する額となります。

　インボイス制度開始前は、請求書さえあれば課税事業者・免税事業者のどちらからの仕入れでも関係なく、支払った消費税300円を控除することができました。

〈インボイス制度開始後〉

　上記と同様の状況で考えてみます。3,300円（内消費税300円）で材料を仕入れ、11,000円（内消費税1,000円）で商品を売りました。インボイス制度開始後では、インボイス制度に対応した請求書を発行できる課税事業者の場合は上記と同様に納付額を計算しますが、インボイスを発行できない事業者（免税事業者・登録をしていない課税事業者）からの場合ですと、支払った300円の消費税を控除することができなくなります。つまり、

預かった消費税1,000円－支払った消費税0円＝1,000円

と、預かった売上げの消費税1,000円の全額を納める必要が生じます。

　このように制度開始後では、インボイスを発行できない事業者からの仕入れの消費税は控除できず、自社の負担が増えることになります。免税事業者はインボイスを発行することができません。ですから、インボイス制度開始前や仕入れの際に、取引先がインボイスを発行できる登録事業者なのかどうかを確認する必要があります

Q20 インボイス制度が導入されるにあたり、あらかじめ社内で周知しておくべきことなどがあれば教えてください

 社内でやるべきポイント

　チェックシートになっていますので、以下の項目ができているか確認しましょう。

☐ 1、「適格請求書発行事業者の登録申請」を行いましょう

消費税の課税事業者であっても適格請求書等を発行するには登録事業者になる必要があります。登録は原則、2023年3月末までに申請すると制度開始（23年10月1日）に間に合います。

☐ 2、インボイス制度の周知と理解の徹底

経理部門だけでなく、役員、営業、総務等の社内のさまざまな人が関わります。そのため、社内研修等を行って全社員にインボイス制度を理解してもらう必要があります。また、制度の周知徹底ができたら、各部門でインボイス担当のリーダーを決め、部門で対応すべきこと、管理・運営体制等をどのようにするのか検討してもらいましょう。

☐ 3、経費支出に関する社内ルールの作成と周知

会社では、営業で使用するタクシー代、会議や接待での飲食代、文房具や備品の購入など、事業活動には日々さまざまな支払いが発生します。これまでは、購入先が消費税の課税事業者か否かに関係なく仕入税額控除を適用することができましたが、インボイス制度が始まると、インボイスがないと原則、仕入税額控除を適用することができなくなります。そのため、経費支出に関する社内ルールを作成して全社員に周知し、インボイスがスムーズに回収できるようにしましょう。経理担当者は受け取った領収書やレシート、請求書がインボイスの事項を満たしているかのチェックも必要となります。

*補足：インボイス制度では、「3万円未満の少額取引基準」がなくなりますが、免除に関する規程も示されているので別途説明（77ページ参照）します。

☐ 4、経理処理における税額の計算方式の決定

インボイス制度では、売上税額及び仕入税額の計算は、「積上計算」か「割戻計算」かの選択制となります。どちらにするのか決定しておく必要があります。適格請求書（インボイス）は請求書だけなく、納品書、領収書もインボイスとすることができます。自社ではどの書類をインボイスとして発行するかを決め、記載事項を網羅しておく必要があります。契約書の記載事項も確認しておきましょう。

社外に向けてやるべきポイント

　チェックシートになっていますので、以下の項目ができているか確認しましょう。

☐ 1、登録事業者になったら取引先にインボイスの登録番号

適格請求書発行事業者の登録が完了すると登録番号が通知されます。登録番号はインボイスを発行する際に必ず記載が必要となり、登録番号が記載されていない請求書では、買い手は仕入税額控除を適用することができません。安心して取引を継続してもらえるよう取引先に登録番号を通知しましょう。

☐ 2、取引先の登録状況を把握し、登録番号を集めて管理する

自社の登録番号を通知するとともに、取引先が登録事業者かどうかを確認しましょう。

- 登録事業者なら→「登録番号」「登録日」の提供を依頼。収集した登録番号と登録日を取引先台帳等で管理する。
- 登録事業者でない（免税事業者）なら「今後登録する予定があるか否か」を確認
  登録事業者になる予定→手続き予定日を確認し、登録完了後に登録番号と登録日の通知を依頼。
  登録事業者の予定なし→登録事業者にならないメリット、デメリットを説明する。
※収集した登録番号は、必ず国税庁の「適格請求書発行事業者公表サイト」で確認しましょう。

☐ 3、適格請求書発行事業者とならない取引先に対して説明

仕入先が登録事業者でない場合、消費税負担が増え納税額が膨らむ懸念があります。インボイスの理解を深めてもらえるよう継続して説明をすることが必要です。ただし、登録事業者となることを強要することはできません。値引を強いることも独占禁止法の観点から控えましょう。この点は、令和4年1月19日（令和4年3月8日改正）に財務省、公正取引委員会、経済産業省、中小企業庁、国土交通省の「免税事業者及びその取引先のインボイス制度への対応に関するQ&A」（https://www.jftc.go.jp/dk/guideline/unyoukijun/invoice_qanda.html）の「Q7 仕入先である免税事業者との取引について、インボイス制度の実施を契機として取引条件を見直すことを検討していますが、独占禁止法などの上ではどのような行為が問題となりますか。」に記載されています。

> **注意** 社内でやるべきことの「3」、社外向けにやるべきこと「2」「3」については、簡易課税制度選択事業者は除きます。

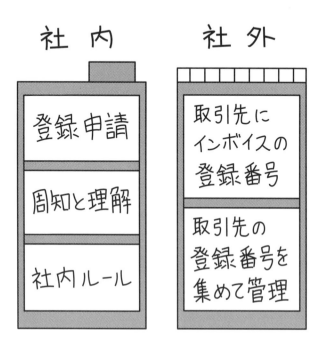

社　内　　　社　外

社内	社外
登録申請	取引先にインボイスの登録番号
周知と理解	取引先の登録番号を集めて管理
社内ルール	

Column
消費税の端数処理に要注意！

消費税の端数処理のルールを定める

　インボイス制度導入前の区分記載請求書では、消費税額等の記載が必須でないため、端数処理のルールは定められていませんでしたが、インボイス制度では、端数処理のルールが定められており（1のインボイスにつき、税率の異なるごとに1回）、税率ごとに合計した対価の額に税率を乗じて消費税額を求めることになります。消費税額等を計算する際の1円未満の端数処理は、「切上げ」「切捨て」「四捨五入」等の方法で行うことになります。

＜記載例①（税抜金額を基に消費税額を計算する場合）＞

【区分記載請求書】

請求書　　○年○月○日

○○(株) 御中　　　　　　　　　　　　(株)△△

請求金額（税込み）　　60,195円
※は軽減税率対象

品名	数量	単価	金額(税込)	消費税額
トマト ※	83	167	13,861	1,108
ピーマン ※	197	67	13,199	1,055
花	57	77	4,389	438
肥料	57	417	23,769	2,376
8％対象計			27,060	2,163
10％対象計			28,158	2,814

(注) 納税額（売上税額）は、総額から割り返して計算するため、上記の消費税額とは一致しない。この場合、実際の納税額は、例えば8％対象は、(27,060+2,163)×8/108≒2,164となる。

【インボイス】

請求書　　○年○月○日

○○(株) 御中　　　　　　　　　　　(株)△△
　　　　　　　　　　　　　　　　　　(T123…)

請求金額（税込み）　　60,197円
※は軽減税率対象

品名	数量	単価	金額(税抜)	消費税額
トマト ※	83	167	13,861	(注) －
ピーマン ※	197	67	13,199	－
花	57	77	4,389	－
肥料	57	417	23,769	－
8％対象計			27,060	2,164
10％対象計			28,158	2,815

(注) 個々の商品ごとの消費税額を参考として記載することは、差し支えない。ただし、左図のように行ごとに計算した消費税額の合計額とは一致しないことに留意（8％対象：2,163 ⇔ 2,164）。

(財務省資料)

　上図の区分記載請求書は、商品ごとに消費税額を算出し、その都度、端数処理を行っていますが、インボイス制度スタート後は、こうした計算方法は認められません。インボイスでは、まず消費税率ごとに売上総額を出し、それに対する消費税額を計算します。税率ごとに端数処理は1回だけ行います。現在、明細行ごとに端数処理等を行っている場合は、請求書等に係るシステムの改修が必要となるので注意が必要です。

Q21 免税事業者から仕入れを行っています。できれば値下げ交渉をして取引を継続したいのですが、交渉に際し気をつけなければならないことはありますか？

 免税事業者との交渉で注意したい5つのこと

「協賛金」など
負担分を要求する

不当に安い値段を
設定する

商品の受取りを
拒否する

インボイス発行事業者に
なるよう通告する

商品やサービスを
強制的に購入させる

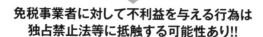

免税事業者に対して不利益を与える行為は
独占禁止法等に抵触する可能性あり!!

◆ **免税事業者が仕入れを伴う消費税が納税できる程度の値下げ要請にとどめよう**

　免税事業者であることを理由に値下げ交渉をしたとしても免税事業者も仕入れの消費税を負担する必要があるため値下げ交渉は益税部分まで。

◆ **インボイス登録を要請したのであれば値上げに応じることを検討しよう**

　免税事業者はいままでなかった消費税納税の負担が生じるため、本体価格の値上げに応じることを検討する必要があります。

◆ **免税事業者の立場にも配慮した丁寧な交渉をしよう**

　インボイス導入による負担増は免税事業者だけが負担するべきものだと考えるのではなく、分かち合うものだとの理解が必要です。

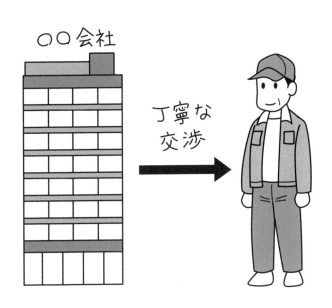

Q22 インボイス制度導入後は、免税事業者からの仕入れについてはすべて仕入税額控除の対象から外さなければならないのでしょうか？

インボイス制度開始後も６年間は「80％」「50％」の仕入税額控除はOK

　インボイス制度開始後は、免税事業者等の仕入れは、原則として仕入税額控除ができません。ただし、制度導入から６年間は経過措置が設けられています。これは、中小・零細事業者に配慮したもので、国としては2019年（令和元年）10月からの軽減税率制度の実施から、10年間をかけてインボイス制度を社会に定着させていく構えです。

経過措置

2023年（令和５年）10月１日〜2026年（令和８年）9月30日まで「80％」控除
2026年（令和８年）10月1日〜2029年（令和11年）9月30日まで「50％」控除

　なお、インボイス発行事業者に登録していない課税事業者からの仕入れについても同様です。

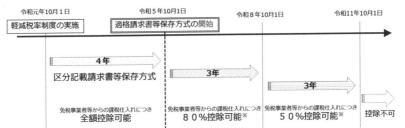

※　この経過措置による仕入税額控除の適用に当たっては、免税事業者等から受領する区分記載請求書と同様の事項が記載された請求書等の保存とこの経過措置の適用を受ける旨（80％控除・50％控除の特例を受ける課税仕入れである旨）を記載した帳簿の保存が必要です。

出典：国税庁「適格請求書等保存方式の概要〜インボイス制度の理解のために」

2023年10月〜2026年9月「80％」
2026年10月〜2029年9月「50％」

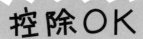

控除OK

Q23 インボイスの発行事業者は、求めに応じインボイスを発行する義務があると聞きました。これ以外に、何か守らなければならない義務はありますか？

インボイス発行事業者には、原則、以下の義務が課されます。

1 インボイスの交付

取引の相手方（課税事業者）の求めに応じて、インボイスを交付しなくてはなりません。

2 返還インボイス(適格返還請求書)の交付

返品や値引きなど、売上げに係る対価の返還等を行う場合に、返還インボイスを交付しなければなりません。

3 修正したインボイスの交付

交付したインボイス（又は簡易インボイス、返還インボイス）に誤りがあった場合に、修正したインボイスを交付しなければなりません。

4 写しの保存

交付したインボイス（又は簡易インボイス、返還インボイス）の写しを原則として7年間（会社法、法人税法上は最長10年間）保存しなければなりません。

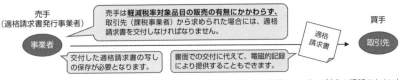

出典：国税庁「適格請求書等保存方式の概要〜インボイス制度の理解のために」

発行に関する禁止事項

インボイスの発行にあたっては、以下の行為が禁止されており、違反した場合の罰則も設けられています。

① 適格請求書発行事業者以外の者が作成した書類であって、適格請求書発行事業者が作成したインボイス等であると誤認されるおそれのある表示をした書類

② 偽りの記載をしたインボイス等

③ ①②の書類の記載事項に係る電磁的記録

罰則

違反すると1年以下の懲役又は50万円以下の罰金

Q24 受け取ったインボイスに間違いがあった場合、どのように対応すればよいでしょうか？

　インボイスを間違えてしまったときには、①売り手であるインボイスの交付側と②買い手である受取側でその対応が異なります。

売り手であるインボイスの交付側

　記載事項を間違えたときには、修正したインボイスを交付しなければなりません。ただこの場合は、これまで請求書を間違えた時と同じ取扱いとなりますので、特に気にかける必要はありません。

　修正方法は、2つです。

　一つは間違えた箇所を修正し、改めてすべての事項を記載したインボイスを交付する方法です。もう一つは、最初に交付したもののどこを間違えたかを明確にしたうえで、修正箇所を記載したインボイスを交付する方法です。例えば〇月×日の請求書について、誤りがあったので修正すると明確化したうえで、『正　売上△円』、『誤　売上□円』というように記載するということとなります。

買い手であるインボイスの受取側

　受取側においては、インボイスに追記や修正を行うことは認められていません。受取側がインボイスの間違いに気づいたときには、交付

①改めて記載事項の全てを記載したものを交付する場合

当初交付した適格請求書

請求書《4月分》
〇年〇月〇日

●●(株)御中

(株)△△
登録番号：T123456…

月	日	商品	売上金額 (税抜き)	
4	3	菓子	※	5,900
	4	酒		30,000
	7	菓子	※	30,000
合計		売上額	消費税額等	
8%対象		100,000円	8,000円	
10%対象		100,000円	10,000円	

※は軽減税率対象

誤り箇所

請求書《修正》《4月分》
〇年〇月×日

●●(株)御中

(株)△△
登録番号：T123456…

月	日	商品	売上金額 (税抜き)	
4	3	菓子	※	5,900
	4	酒		30,000
	7	菓子	※	30,000
合計		売上額	消費税額等	
8%対象		100,000円	8,000円	
10%対象		110,000円	11,000円	

※は軽減税率対象

修正箇所

②修正した事項を明示したものを交付する場合

関連性の明確化

請求書
〇年〇月×日

●●(株)御中

(株)△△

〇年〇月〇日付4月分請求書について、下記のとおり誤りがありましたので、修正いたします。

正

合計	売上額	消費税額等
10%対象	110,000円	11,000円

誤

合計	売上額	消費税額等
10%対象	100,000円	10,000円

(注)当初の適格請求書と合わせて保存願います。

修正箇所

修正した適格請求書等を交付した事業者は、当初交付した適格請求書等の写し及び修正した適格請求書等（①又は②）の写しの保存が必要です。

(出典)国税庁「適格請求書等保存方式(インボイス制度)の手引き(令和4年9月版)」

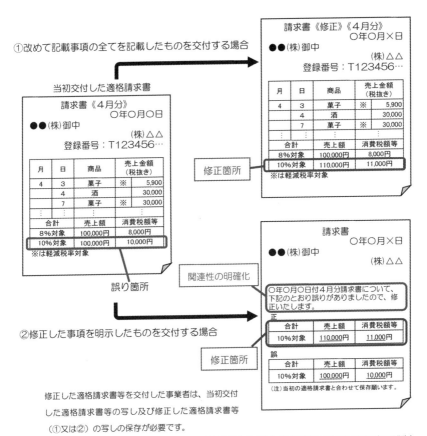

側へ修正したインボイスの再交付を求めることとなります。

　消費税の控除を受けるためには、修正された正しいインボイスの保存が必要となります。万が一交付側が修正に応じない場合には、買い手側が一定の要件を満たした仕入明細書等の書類を作成し、交付側の確認を受けることでインボイスの代わりとすることができます。この場合には、この仕入明細書等を保存しておくことで、消費税の控除を受けることができることとなるのです。

Q25 インボイス制度が導入されるにあたり、帳簿の保存方法などに変更はあるのでしょうか？

インボイス制度がスタートすると、仕入税額控除を行うには一定の事項を記載した帳簿及びインボイス等の保存が必要になります。

 保存が必要となる請求書等の範囲

〈帳簿〉必要な帳簿の記載事項は従来と同様、次のとおりです。

①課税仕入れの相手方の氏名又は名称

②取引年月日

③取引内容（軽減税率の対象品目である旨）

④対価の額

〈請求書等〉必要となる請求書等は、次のとおりです。

①売り手が交付するインボイス又は簡易インボイス

②買い手が作成する仕入明細書等（インボイスに必要な事項が記載
　されており、相手方の確認を受けたもの）

③卸売業者が卸売市場で行う生鮮食料品等の譲渡及び農業協同組合
　等が委託を受けて行う農林水産物の譲渡について、受託者から交
　付を受ける一定の書類

④課税貨物の輸入の許可があったことを証明する書類

⑤上記①〜④の書類に係る電磁記録（電子データ）

インボイス制度では３万円未満の特例がなくなる

　現行の区分記載方式では、３万円未満の少額取引や「請求書等の交付を受けなかったことにつきやむを得ない理由があるとき」は、一定事項を記載した帳簿保存のみで仕入税額控除を受けることができます。しかし、インボイス制度スタート後は基本的に、この３万円未満等の特例がなくなり、３万円未満の少額取引においてもインボイスが必要になります。

　また、現行では、仕入先から交付された請求書等に「軽減税率の対象品目である旨」や「税率ごとに区分して合計した税込対価の額」の記載がないときは、これらの項目に限って、交付を受けた事業者自らが、その取引の事実に基づき追記することができますが、インボイス制度スタート後は、このような追記をすることはできません。

> **ポイント**
>
> インボイス制度導入後は、消費税を納付する際に、仕入先等が発行するインボイス等がないと仕入税額控除が受けられなくなります。

簡易課税を選択している事業者
簡易課税制度を選択している場合、課税売上高から納付する消費税額を計算することから、インボイス等の請求書等の保存は、仕入税額控除の要件とはなりません。

 ## インボイスの保存期間と保存場所

　消費税法では、仕入税額控除の要件として請求書等や発行したインボイスの写しの保存期間を７年間としています（会社法、法人税法上では最長10年間）。

　インボイスの写しとは、発行した書類そのもののコピーに限らず、

記載事項の内容が確認できるもの、例えば一覧表、明細表などでもかまいません。

　また、自社ソフトで作成したインボイスを書面で発行した場合、システムに保存されている電子データをインボイスの写しとすることもできます。さらに、電子インボイスを提供した場合も、その電子データを保存すればよいとされています。これらは簡易インボイス、返還インボイス、修正インボイスも同様です。保存場所は、納税地又はその取引に係る事務所、事業所、その他これに準ずるものの所在地となっています

Q26 会計帳簿の記載内容や、保存方法 などに変更はありますか？

 会計帳簿への記録は正確に

　インボイス制度が開始されたあとも、会計帳簿へ取引の内容を記録し、保存していくことはこれまでどおり必要です。

　取引先からインボイスを受け取っていても、会計帳簿への記録を怠ってしまえば、取引の際に支払った消費税を申告時に控除できません。そもそも仕入れや費用の金額に含めることもできなくなってしまいます。

　これからも、会計帳簿はインボイスとセットで保存をしていきましょう。

請求書等　会計帳簿　→　会計帳簿への記入事項と保存はこれからも変わらず必要！

 電子帳簿保存法との関係

　法人税と所得税における取引情報の保存についても、みなさんにも影響がある改正がされました。

　近年急増しているインターネット上での商品の購入など、電子データのみでやりとりを行った取引（電子取引）の請求書などは、一定のルールに沿って、すべて「電子データのまま保存を行うことが義務」

づけられました。

これは、電子帳簿保存法の改正により、2024年（令和5年）1月1日以降に行う取引から必要です。

該当する電子データのみでの取引を行った場合は、請求書や領収書などの電子データを、会社の中で決められたパソコンやサーバーなどへ保存していきましょう。

消費税については、今のところはこれまでどおり、画面上の請求書や領収証などをプリンタで印刷した書面を保存することも認められています。

しかし、会社の決算にあたっては、法人税と消費税、どちらも無視することはできません。

そのため、法人税に関わる電子帳簿保存法と、消費税に関わるインボイス制度の両方をしっかり守っていく必要があります。

結局どうやって保存すればよいのか？　と思われたことでしょう。

インボイス制度と電子帳簿保存法のどちらもしっかり守る方法として、電子データのみでやりとりを行った取引（電子取引）の請求書などは、紙と電子データの両方で保存しておけば大丈夫です。

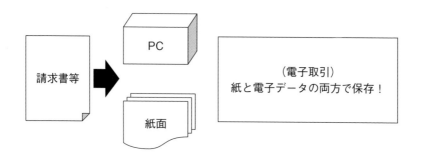

Q27　電車の乗車券なども、インボイスがないと仕入税額控除が受けられないのでしょうか？

 保存が省略できる取引

　インボイス制度が開始しても、次に掲げる課税仕入れについては、適格請求書等の保存を省略することができます。

①3万円未満の公共交通機関（船舶、バス又は鉄道）による旅客の運送

②3万円未満の自動販売機及び自動サービス機により行われる商品の販売等

③郵便切手類のみを対価とする郵便・貨物サービス（郵便ポストに差し出されたものに限る）

④卸売市場において行う生鮮食料品等の譲渡

⑤農協等に委託して行う農林水産物の譲渡

　事業の性質上、適格請求書を交付することが困難な上記のような取引以外については基本的にすべてインボイスの保存が必要となります。

　これ以外に、

⑥入場券が回収されるもの

⑦古物商や質屋等が仕入れる古物、質物等

⑧従業員等に支給する出張旅費等

　こちらについては売り手の適格請求書交付義務は免除されませんが、買い手は帳簿のみ保存で仕入税額控除が可能です。

現在、「3万円未満の課税仕入れ」及び「請求書等の交付を受けなかったことにつきやむを得ない理由があるとき」は、一定の事項を記載した帳簿の保存のみで仕入税額控除が認められる旨が規定されていますが、2024年（令和5年）10月以降は廃止となりますので注意が必要です。

 ## 簡易課税制度を選択している場合

　また、消費税の計算を「簡易課税制度」で行っている場合、課税売上高から納付する消費税額を計算することから、適格請求書などの請求書等の保存は必要ありません。

≪帳簿のみ保存の特例を適用する場合の帳簿記載事項等≫

① 課税仕入れの相手方の氏名又は名称
② 取引年月日
③ 取引内容（軽減税率対象の場合、その旨）
④ 対価の額
⑤ 課税仕入れの相手方の住所又は所在地(注)
⑥ 特例の対象となる旨

(注) 国税庁長官が指定する者に係るものである場合、記載不要

記載例（公共交通機関特例の場合）

総勘定元帳（仕入）

XX年月日		摘要			税区分	借方(円)
4	3	JR●●	運賃	公共交通機関	10%	300
4	4	○○地下鉄	運賃	公共交通機関	10%	300

※ 公共交通機関特例の対象事業者は、国税庁長官が指定する者になるため、帳簿に住所又は所在地の記載は不要

(財務省資料)

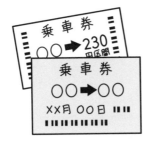

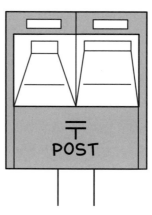

Q28 これから起業を検討していますが、インボイス登録に関して注意することはありますか？

　これから開業を考えている皆様は法人を設立するか個人事業主として開業するか悩まれるかと思われますが、ご自身に合った事業形態を選択していただければと思います。また、2023年10月1日以後、インボイス制度が導入されることから消費税の課税事業者となるか免税事業者を選択するか悩ましいところですが、Q5のフローチャート（22ページ）などを参考に選択していただければと思います。

　ここでは、これから開業をする人が適格請求書発行事業者を選択する場合のポイントについてご紹介します。

 新たに設立する場合

法人を新たに設立し、適格請求書発行事業者になりたい場合
（＊設立日の属する課税期間から免税事業者である場合）

「課税事業者の選択届出書 ＋ 適格請求書発行事業者の登録申請書」を事業を開始した日の属する課税期間の末日までに提出することで、その課税期間の初日から課税事業者となり適格請求書発行事業者として登録をしたことになります。

注意事項

　新たに法人を設立した場合でも、資本金（出資金）の金額によって設立事業年度から課税事業者に該当する場合があります。

　その事業年度開始の日における資本金（出資金）の金額が1,000万円以上の場合などは設立事業年度から課税事業者に該当します（基準期間がない法人に限ります）。

　課税事業者である新設法人が適格請求書発行事業者の登録をする場合には、事業を開始した課税期間の末日までに、事業を開始した日の属する課税期間の初日から登録を受けようとする旨を記載した登録申請書を提出することで、その課税期間の初日に登録を受けたものとみなされます。

Column

納付する消費税額の計算方法が変わる!?

税額計算　「積上計算」か「割戻計算」のどちらかを選択

　2023年（令和5年）10月1日以降の売上税額及び仕入税額の計算は、次の①又は②を選択することができます。

　①インボイスに記載のある消費税額等を積み上げて計算する「積上計算」※

　②適用税率ごとの取引総額を割り戻して計算する「割戻計算」

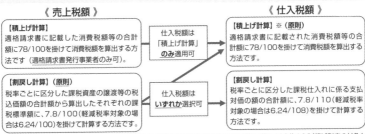

《 売上税額 》

【積上げ計算】
適格請求書に記載した消費税額等の合計額に78/100を掛けて消費税額を算出する方法です（適格請求書発行事業者のみ可）。

【割戻し計算】（原則）
税率ごとに区分した課税資産の譲渡等の税込価額の合計額から算出したそれぞれの課税標準額に、7.8/100（軽減税率対象の場合は6.24/100）を掛けて計算する方法です。

仕入税額は「積上げ計算」**のみ**適用可

仕入税額は**いずれか**選択可

《 仕入税額 》

【積上げ計算】 ※（原則）
適格請求書に記載された消費税額等の合計額に78/100を掛けて消費税額を算出する方法です。

【割戻し計算】
税率ごとに区分した課税仕入れに係る支払対価の額の合計額に、7.8/110（軽減税率対象の場合は6.24/108）を掛けて計算する方法です。

※　仕入税額の積上げ計算の方法として、課税仕入れの都度、課税仕入れに係る支払対価の額に110分の10（軽減税率の対象となる場合は108分の8）を乗じて算出した金額（1円未満の端数が生じたときは、端数を切捨て又は四捨五入します。）を仮払消費税額等などとし、帳簿に記載（計上）している場合は、その金額の合計額に100分の78を掛けて算出する方法も認められます（帳簿積上げ計算）。

出典：国税庁「適格請求書等保存方式の概要～インボイス制度の理解のために」

◆売上げに係る消費税額・控除対象消費税額（仕入れ）の計算方法

インボイス制度における
事業者の売上げに係る消費税額・控除対象消費税額（仕入れ）の計算方法

【売上げに係る消費税額】		【控除対象消費税額（仕入れ）】
計算方法	適用	計算方法
割戻し計算　課税標準額　× 7.8/100　↓　課税期間中の　課税売上高（税込）×100/110　又は　課税期間中の　（課税売上高（税抜）＋仮受消費税等）×100/110	○	**積上げ計算**　インボイス等に記載された消費税額の合計額 × 78/100
	○	**帳簿積上げ計算**　帳簿に記載した消費税相当額の合計額 × 78/100　※ 課税仕入れの都度、端数処理（切捨て又は四捨五入）した後の課税仕入れに係る消費税相当額を帳簿に記載している場合
	○	**割戻し計算**　税率の異なるごとに区分して合計した課税仕入れに係る支払対価の額 × 7.8/110
積上げ計算　インボイス等に記載した消費税額等の合計額　× 78/100　※「インボイス」又は「税額記載のある簡易インボイス」の写しを保存している場合	○	**積上げ計算**
	○	**帳簿積上げ計算**
	×	**割戻し計算**
割戻し計算と積上げ計算を併用	○	**積上げ計算**
	○	**帳簿積上げ計算**
	×	**割戻し計算**

（注）上記の例は、税率10％の取引のみであることを前提としたもの。消費税額及び控除対象消費税額は国税分のみの計算。

（国税庁資料）

第 4 章

事業者共通！
インボイス制度で
変わること

Q29 一部の経費について、法人カードで支払いをしていますが、カード会社が発行した利用明細はインボイスとして認められますか?

 インボイス制度の導入前

　クレジットカード会社がそのカードの利用者に交付する請求明細書等は、そのカード利用者である事業者に対して課税資産の譲渡等を行った事業者が作成・交付した書類ではありませんから、消費税法上に規定する請求書等には該当しません。したがって、その明細書等を保存したとしても仕入税額控除を受けることはできません。

　ただし、3万円未満の取引である場合については、一定事項を記載した帳簿のみ保存すれば、請求書の保存がなくても仕入税額控除を受けられることになっています。

 インボイス制度の導入後

　クレジットカード会社が発行した利用明細については、導入前と同様の取扱いとなります。

　また、上述の3万円未満の取引について、一定事項を記載した帳簿のみ保存すれば仕入税額控除を受けられる規定が廃止されることから、3万円未満の取引分も含め、取引相手である店舗等からインボイス（簡易インボイスの交付があった場合は簡易インボイス）の記載事項

を満たす請求書等を保存する必要があります。

　さらに、電子帳簿保存法との関係で言えば、法人クレジットカードを使用する場合に、その利用状況を示した明細をWeb上のみで閲覧・取得できるケースがありますが、電子帳簿保存法上は電子取引による取引情報の授受があったものとして、その利用明細をダウンロードし保存する必要があります。

Q30 経費を取引先に立て替えてもらった場合の、インボイスの取扱いについて注意点があれば教えてください

　以下のような事例について考えてみます。A社が立替払いを受ける者（実際の負担者であり、自社の経費とする）、B社が立替払いを行う者（実際の負担者ではない）、C社がインボイスを発行する者とします。

【立替金の取引図】

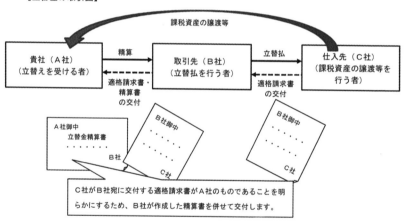

出典：国税庁「消費税の仕入税額控除制度における適格請求書等保存方式に関するQ&A」

 原則、インボイスとならない

　A社は、C社から立替払いをしたB社宛てに交付されたインボイスを、B社からそのまま受領したとしても、これをもって、C社からA社に交付された適格請求書とすることはできません。

立替払いを行う者から、精算書を受領した場合についてはOK

　A社が、立替払いを行ったB社から立替金精算書等の交付を受けるなどにより、経費の支払先であるC社から行った課税仕入れが、A社のものであることが明らかにされている場合には、その適格請求書及び立替金精算書等の書類の保存をもって、A社はC社からの課税仕入れに係る請求書等の保存要件を満たすこととなります。

　この場合、立替払いを行うB社が適格請求書発行事業者でなくても、C社が適格請求書発行事業者であれば、仕入税額控除を行うことができます。

　なお、立替えを受けた者に交付するべきインボイスのコピーが大量となるなどの事情により、B社がコピーを交付することが困難なときは、B社がC社から交付を受けたインボイスを保存し、立替金精算書を交付することにより、A社はB社が作成した立替えを受けた者の負担額が記載されている立替金精算書の保存をもって、仕入税額控除を行うことができます。

　この場合、立替払いを受けたA社は、立替金精算書の保存をもって適格請求書の保存があるものとして取り扱われるため、立替払いを行ったB社は、その立替金が適格請求書発行事業者からの仕入れか、適格請求書発行事業者以外の者からの仕入れかを明らかにし、また、適用税率ごとに区分するなど、A社が仕入税額控除を受けるにあたっての必要な事項を立替金精算書に記載しなければなりません。

Q31

事務所用不動産を賃借しています。家賃の支払いが口座振替の場合、インボイスの取扱いで注意すべきことはありますか？

　事務所の賃貸借契約において、賃借人が口座振替により家賃を支払うような契約の場合、契約書は締結するものの、賃貸人が請求書や領収書の交付をしないケースも多いと思います。この場合、どの書類をもってインボイスとするかが問題となってきます。

　通常、契約書に基づき代金決済が行われ、取引の都度、請求書や領収書が交付されない取引であっても、仕入税額控除を受けるためには、原則として、適格請求書の保存が必要です。現行の区分記載請求書等保存方式における帳簿にその内容を記載する方法では、仕入税額控除は認められません。

インボイス＝1枚の書類でなくてよい！

　なお、適格請求書として必要な記載事項は、一の書類だけですべてが記載されている必要はなく、複数の書類で記載事項を満たせば、それらの書類全体で適格請求書の記載事項を満たすことになります。よって、賃貸借契約書に適格請求書として必要な記載事項の一部が記載されており、実際に取引を行った事実を客観的に示す書類とともに保存しておけば、仕入税額控除の要件を満たすこととなります。

　令和5年10月1日以降に賃貸借契約を結ぶ場合を想定すると、適格請求書の記載事項の一部（例えば、課税資産の譲渡等の年月日以外の事項）が記載された契約書とともに通帳（課税資産の譲渡等の年月日の事実を示すもの）を併せて保存することにより、仕入税額控除の要件を満たすこととなります。また、口座振込により家賃を支払う場合については、適格請求書の記載事項の一部が記載された契約書とともに、銀行が発行した振込金受取書を保存することにより、請求書等の保存があるものとして、仕入税額控除の要件を満たすこととなります。

 既存契約をまき直す必要はない

　令和5年10月1日より前に結んでいる既存契約についてはどのように取り扱えばよいでしょうか。インボイス制度の導入前ですので、当然適格請求書発行事業者の登録番号や適用税率、消費税額等のインボイス記載事項が契約書に記載されていないはずです。

　この場合は、借主は賃貸借契約書と振込金受取書に加え、記載の不足する登録番号、適用税率、消費税額等について貸主から別途通知を受け、保存をする必要があります。

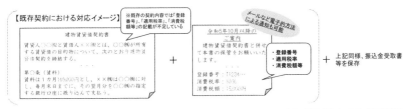

出典：財務省「インボイス説明資料」

Q32 外貨建取引を行った場合の注意点があれば教えてください

国際間取引の場合、取引が外貨建てとなり、外国語で請求書を発行することになります。

米ドルなどの外貨建てによる取引であっても、適格請求書に記載が必要な事項は基本的には変わりません。「税率の異なるごとに区分した消費税額等」を除き、記載事項を外貨や外国語により記載しても問題ありません。

 円換算しなければならない記載事項がある

ただし、外貨建てによる取引であっても、「税率の異なるごとに区分した消費税額等」については、円換算した金額を記載する必要があります。「税率の異なるごとに区分した消費税額等」の円換算方法として、以下の4つを挙げています。

1、税率ごとに区分して合計した対価の額（外貨税抜）を円換算後、消費税額等を算出する方法

| 税率ごとに区分した対価の額【外貨税抜】 | × | 《TTM》 | = | 税率ごとに区分した対価の額【円換算後】 |

| 税率ごとに区分した対価の額【円換算後】 | × | 適用税率 | = | 消費税額等【日本円】 |

端数処理

2、税率ごとに区分して合計した対価の額（外貨税込）を円換算後、消費税額等を算出する方法

| 税率ごとに区分した対価の額【外貨税込】 | × | 《TTM》 | = | 税率ごとに区分した対価の額【円換算後】 |

| 税率ごとに区分した対価の額【円換算後】 | × | 10/110　又は 8/108 | = | 消費税額等【日本円】 |

端数処理

3、税率ごとに区分して合計した対価の額（外貨税抜）から計算過程の消費税額等（外貨）を算出後、円換算する方法

| 税率ごとに区分した対価の額【外貨税抜】 | × | 適用税率 | = | 計算過程の消費税額等【外貨】 |

| 計算過程の消費税額等【外貨】 | × | 《TTM》 | = | 消費税額等【日本円】 |

端数処理

4、税率ごとに区分して合計した対価の額（外貨税込）から計算過程の消費税額等（外貨）を算出後、円換算する方法

| 税率ごとに区分した対価の額【外貨税込】 | × | 10/110　又は 8/108 | = | 計算過程の消費税額等【外貨】 |

| 計算過程の消費税額等【外貨】 | × | 《TTM》 | = | 消費税額等【日本円】 |

端数処理

※ TTM（Telegraphic Transfer Middle Rate）：金融機関が顧客と外国為替取引を行う際の当日受渡し用の基準レートで、TT S（売値）とTTB（買値）の平均値。

◆ 税率ごとに区分して合計した対価の額（外貨税抜）を円換算後、消費税額等を算出する場合（上記1による場合）の記載例
（TTM：115.21円）

Description	Taxable amount	Tax amount	JPY Tax Amount
Beef *	$189	$15.12	—
Wood chopsticks	$23	$2.3	—
Fish *	$150	$12	—
Spoon	$31	$3.1	—
Reduced tax rate (8%)	$339	$27.12	¥3,124
Standard tax rate (10%)	$54	$5.4	¥622

×TTM ×適用税率

Reduced tax rate（8%）

$339 × 115.21 ＝ 39,056.19 → 39,056円

（税率ごとに区分した対価の額【円換算後】）

39,056円 × 8% ＝ 3,124.48 → 3,124円（消費税額等）

Standard tax rate（10%）

$54 × 115.21 ＝ 6,221.34 → 6,221円

（税率ごとに区分した対価の額【円換算後】）

6,221円 × 10% ＝ 622.1 → 622円（消費税額等）

※外貨建てのTax amountは、インボイスの記載事項として求められるのではなく、参考として記載するものとなります。

出典：国税庁「消費税の仕入税額控除制度における適格請求書等保存方式に関するQ&A」

Q33 商品の販売後に、返品や値引きがあった場合の対応方法について教えてください

「適格返還請求書」を交付しなければならない

インボイスの発行事業者が返品や値引き等の、売上げに係る対価の返還等を行う場合には、「適格返還請求書」の交付義務が課されます。

「適格返還請求書」の記載事項

適格返還請求書に記載が必要な事項は以下となります。

①適格請求書発行事業者の氏名又は名称及び登録番号
②売上げに係る対価の返還等を行う年月日及びその売上げに係る対価の返還等の基となった課税資産の譲渡等を行った年月日（適格請求書を交付した売上げに係るものについては、課税期間の範囲で一定の期間の記載で差し支えありません）
③売上げに係る対価の返還等の基となる課税資産の譲渡等に係る資産又は役務の内容（売上げに係る対価の返還等の基となる課税資産の譲渡等が軽減対象資産の譲渡等である場合には、資産の内容及び軽減対象資産の譲渡等である旨）
④売上げに係る対価の返還等の税抜価額又は税込価額を税率ごとに区分して合計した金額
⑤売上げに係る対価の返還等の金額に係る消費税額等又は適用税率

上記の②「売上げに係る対価の返還等の基となった課税資産の譲渡等を行った年月日」については、返品等の処理を合理的な方法により継続して行っているのであれば、「前月末日」や「最終販売年月日」など、当該返品等の処理に基づき合理的と認められる年月日を記載する方法も認められます。

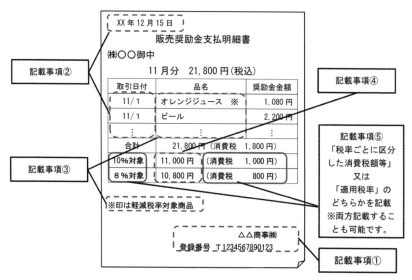

出典：国税庁「消費税の仕入税額控除制度における適格請求書等保存方式に関するQ&A」

 ## 交付義務が免除される場合がある

次の場合には、適格返還請求書の交付義務が免除されます（適格請求書の交付義務が免除される場合と同じ内容です）。

①3万円未満の公共交通機関（船舶、バス又は鉄道）による旅客の運送

②出荷者等が卸売市場において行う生鮮食料品等の販売（出荷者から委託を受けた受託者卸売の業務として行うものに限ります）

③生産者が農業協同組合、漁業協同組合又は森林組合等に委託して行う農林水産物の販売（無条件委託方式かつ共同計算方式により生産者を特定せずに行うものに限ります）

④3万円未満の自動販売機及び自動サービス機により行われる商品の販売等

⑤郵便切手類のみを対価とする郵便・貨物サービス（郵便ポストに差し出されたものに限ります）

卸売市場

交付義務免除

Q34 インボイス発行事業者の登録が取り消されるケースなどがあれば教えてください

税務署長による取消し

　適格請求書発行事業者の登録は、税務署長に「登録取消届出書」を提出することにより、その効力が失われます。

　一方で、以下の場合に該当すると、税務署長は適格請求書発行事業者の登録を取り消すことができるので注意が必要です。

①1年以上所在不明であること

②事業を廃止したと認められること

③合併により消滅したと認められること

④納税管理人を定めなければならない事業者が、納税管理人の届出をしていないこと

⑤消費税法の規定に違反して罰金以上の刑に処せられたこと

⑥登録拒否要件に関する事項について、虚偽の記載をした申請書を提出し、登録を受けたこと

　上記の①「1年以上所在不明であること」における「所在不明」については、例えば、消費税の申告書の提出がないなどの場合において、文書の返戻や電話の不通などにより、事業者と連絡が取れない場合が該当するとされております。

なお、消費税法上、事業者に、②事業の廃止の事実があった場合は「事業廃止届出書」を、③合併による消滅の事実があった場合は「合併による法人の消滅届出書」をそれぞれ提出する義務があります。

令和5年度税制改正による措置

　令和4年12月16日、令和5年度税制改正大綱が公表されました。同大綱では、消費税のインボイス制度についても、円滑な制度移行のため、以下のような新たな税制上の措置が盛り込まれています。

インボイス発行事業者となる免税事業者の負担軽減

　これまで免税事業者であった者がインボイス発行事業者になった場合の納税額を売上税額の2割に軽減する3年間の負担軽減措置を講ずることにより、納税額の激変緩和を図ります。この措置により、簡易課税制度の適用を受ける場合に比べ、さらに事務負担が軽減されることが期待されます。

事業者の事務負担軽減

　インボイス制度の定着までの実務に配慮し、一定規模以下の事業者の行う少額の取引につき、帳簿のみで仕入税額控除を可能とする6年間の事務負担軽減策を講じます。加えて、振込手数料相当額を値引きとして処理する場合等の事務負担を軽減する観点から、少額の返還インボイスについて交付義務が免除されます。また、令和5年3月31日の登録申請の期限について柔軟な対応を行う措置が講じられます。

主な税制上の措置

「小規模事業者に係る税額控除に関する経過措置」
①概要

　その課税期間における売上げに係る消費税額から控除する金額を、売上げに係る消費税額に8割を乗じた額とすることにより、納付税額を売上げに係る消費税額の2割に軽減されます。

②対象となる者

免税事業者であった者が、適格請求書発行事業者となったこと又は課税事業者選択届出書を提出したことにより、事業者免税点制度の適用を受けられなくなる者（インボイス発行事業者の登録をしなければ、課税事業者にならなかった者）が対象となります。

③対象となる期間

インボイス制度施行の令和5年10月1日から令和8年9月30日までの日の属する各課税期間が対象となります。

④適用にあたっての手続き

事前の届出は不要（確定申告書に付記するのみ）であり、簡易課税制度を選択している場合、有利な方法を選択適用することが可能です（本則課税の場合も同様）。

「一定規模以下の事業者に対する事務負担の軽減措置」
①概要

一定規模以下の事業者の実務に配慮し、1万円未満の課税仕入れについて、インボイスの保存がなくとも帳簿のみで仕入税額控除が可能となります。

②対象となる者

基準期間（前々年・前々事業年度）における課税売上高が、1億円以下である事業者（個人事業主及び法人）が対象となります。

③対象となる期間

インボイス制度施行の令和5年10月1日からから6年間（令和11年9月30日）が対象期間となります。

「少額な返還インボイスの交付義務免除」
①概要

インボイス制度では、インボイスの交付義務とともに、値引き等を行った際にも返還インボイスの交付義務が課されること

になりますが、事業者の事務負担を軽減する観点から、少額な
値引き等については、返還インボイスの交付を不要とする措置
が講じられます。

②対象となる取引

　１万円未満の値引き等の対価の返還等

「登録制度の見直しと手続の柔軟化」

①概要

　事業者が適格請求書発行事業者の登録を申請する場合におい
て、課税期間の初日から登録を受ける場合、当該課税期間の初
日から起算して15日前の日まで（現行１ヶ月前まで）に申請書を
提出しなければならないこととされ、提出期限が見直されます。

　なお、登録を取り消す場合の届出書の提出期限についても、
同様の見直しがされます。

②登録申請書の令和５年４月１日以後の提出について

　令和４年12月23日に「令和５年度税制改正の大綱」が閣議決
定されたことにより、登録期限（令和５年３月31日）以後に登
録申請書を提出する場合でも、令和５年９月30日までの申請に
ついては、インボイス制度開始日（令和５年10月１日）を登録
開始日として登録されることとなります。

　なお、令和５年10月１日から適格請求書発行事業者の登録を
受けようとする事業者が、その申請期限後に提出する登録申請
書に記載する困難な事情については、運用上、記載がなくとも
改めて求めないものとされております。

第 **5** 章

電子帳簿保存法と
インボイス制度の
関係

Q35 電子帳簿保存法とインボイス制度はどのような関係がありますか？

　電子帳簿保存法（以下、電帳法）とインボイス制度は、電帳法の保存区分の１つである「電子取引」に関連しています。メールやEDIなど電子的にやりとりした場合、これまでのように紙にプリントアウトして保存することが認められなくなり、データで保存する必要があるからです。

　電帳法によって、電子取引データの電子保存が義務化され、紙での保存が不可となりました。同時に、一部要件は緩和され電子帳簿に対応するためのハードルは確かに低くなりました。しかし、いまや請求書のPDFをメール添付で授受することは珍しいことではありません。つまり、インボイスを電子データでやりとりする場合には、電帳法もしっかり理解しておく必要があります。

 消費税負担が増える可能性も

　電帳法に対応した電子取引データの保存要件として、「検索機能の確保」や「真実性の担保」が求められています。検索機能の確保に関しては、要件が緩和されたものの、「取引年月日」「取引金額」「取引先」で検索できる状態にしておかなければなりません。また、真実性の担保に関しては、タイムスタンプや、データの訂正・削除を記録したり、それらを禁止できるシステムを使うといったことが求められます。

　これまでの業務の延長線上で行っていくには、担当者の負荷増大や

事務処理規定の策定などが必要になるとともに、人為的なミスの発生も懸念されます。電帳法に対応した会計システムや文書管理ソフトの導入を検討したり、経理部門の効率化やDXを見直してみるのもよいでしょう。

罰則規定

電帳法に違反した場合、罰則が科される可能性があります。例えば、国税関係帳簿書類の電子データの改ざんなどが発覚した場合、ペナルティとして重加算税が10%加重されます。

そのほか、青色申告の承認が取り消される可能性や違反内容によっては会社法に抵触し、過料が科せられる可能性もあります。

◆ 電子帳簿等保存制度に関する加算税の軽減・加重措置

加算税の種類	課税要件	課税割合（対増差本税）	優良な電子帳簿に記載された事項に関して生じる申告漏れ	スキャナ保存・電子取引の取引情報に係る電磁的記録に関して生じる仮装隠蔽
過少申告加算税	期限内申告について、修正申告・更正があった場合	10% 期限内申告税額と50万円のいずれか多い金額を超える部分 15%	過少申告加算税を5%軽減⇒5%・10%除く重加算税対象（所得税・法人税・消費税）	―
重加算税	仮装隠蔽があった場合	過少申告加算税・不納付加算税に代えて 35% 無申告加算税に代えて 40%	―	重加算税を10%加算⇒45%・50%【累犯加重】過去5年以内に無申告加算税又は重加算税を課されたことがある場合さらに10%加算⇒55%・60%

電子帳簿保存法ってなんだっけ？

電子帳簿保存法とは

　電帳法とは、帳簿や決算書といった経理部門で作成する帳簿書類や、取引に伴い発生する注文書や請求書等の国税関係帳簿書類を電子保存する要件を定めた法律のことです。法改正により令和4年1月から保存法は「帳簿保存」「スキャナ保存」「電子取引」の3種類となりました。保存方法が異なるだけではなく、該当する書類も違います。どの文書がどの保存方法に該当するかを整理しておきましょう。

電帳法の構成

　①電子帳簿保存
　②スキャナ保存
　③電子取引

出典：国税庁「電子帳簿保存法が改正されました」

電帳法の対象書類の具体的な内容

①電子帳簿保存（帳簿保存の対象書類）

　帳簿保存の対象書類は、電子帳簿保存法で決まっています。以下の書類がそれに該当するので確認しておきましょう。

　帳簿…勘定元帳、固定資産台帳、売上・仕入帳
　決算書類…損益計算書、貸借対照表、棚卸表

　　取引書類の写し…契約書、領収書、請求書などの控え

②スキャナ保存できるもの

　　紙媒体で受領した「領収書」「契約書」「見積書」「注文書」等。

　〈スキャナ保存の要件〉

　「真実性の確保」と「可視性の確保」は帳簿保存よりも細かい。

- ・入力期間の制限　・解像度　・検索機能
- ・タイムスタンプ付与　・整然・明確出力
- ・使用中のシステムの説明書　・見読可能装置など

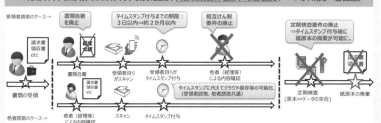

出典：経済産業省「令和3年度（2021年度）経済産業関係 税制改正について」

③電子取引

　　取引情報が電磁的記録の授受によって行われる取引は通信手段を問わずすべて該当

　【具体例】

（1）いわゆるEDI取引

（2）インターネット等による取引

（3）電子メールにより取引情報を授受する取引（添付ファイルによる場合を含みます）

（4）インターネット上にサイトを設け、当該サイトを通じて取引情報を授受する取引

当社は請求書を得意先にPDFデータにしてメール送信して提供していますが、この請求書をインボイスとすることはできますか？

 電子インボイスについて

適格請求書発行事業者は、国内において課税資産の譲渡等を行った場合に、相手方（課税事業者に限ります）から求められたときは、適格請求書を交付する必要がありますが、交付に代えて、適格請求書に係る電磁的記録を提供することができるとされています。

よって、請求書データに適格請求書の記載事項を記録して提供することにより、書面による適格請求書の交付に代えることができます。いわゆる電子インボイスといわれるものです。

電磁的記録による提供方法としては、光ディスク、磁気テープ等の記録用の媒体による提供のほか、次の方法があります。

①**EDI取引**^(注) **における電子データの提供**
   （注）EDI（Electronic Data Interchange）取引とは、異なる企業・組織間で商取引に関連するデータを、通信回線を介してコンピュータ間で交換する取引等をいいます。

②**電子メールによる電子データの提供**

③**インターネット上にサイトを設け、そのサイトを通じた電子データの提供**

電子インボイスの記載事項

　なお、提供する電磁的記録は、適格請求書の記載事項と同じ内容の記録である必要があります。

①電磁的記録を提供する適格請求書発行事業者の氏名又は名称及び登録番号

②課税資産の譲渡等を行った年月日

③課税資産の譲渡等に係る資産又は役務の内容（課税資産の譲渡等が軽減対象資産の譲渡等である場合には、資産の内容及び軽減対象資産の譲渡等である旨）

④課税資産の譲渡等の税抜価額又は税込価額を税率ごとに区分して合計した金額及び適用税率

⑤税率ごとに区分した消費税額等

⑥電磁的記録の提供を受ける事業者の氏名又は名称

Q37 日々の発注書・納品書については電子データにより交付し、請求書については書面により取引先に交付しています。このような場合の注意点を教えてください

　適格請求書とは、次の事項が記載された請求書、納品書等の書類であるとされています。

①適格請求書発行事業者の氏名又は名称及び登録番号
②課税資産の譲渡等を行った年月日
③課税資産の譲渡等に係る資産又は役務の内容（当該課税資産の譲渡等が軽減税率の対象となるものであれば、その内容及び軽減税率の対象である旨）
④課税資産の譲渡等の税抜価額又は税込価額を税率ごとに区分して合計した金額及び適用税率
⑤税率ごとに区分した消費税額等
⑥適格請求書の交付を受ける事業者の氏名又は名称

 電子データと紙の合わせ技！

　適格請求書の記載事項は、一つの書類のみで満たしている必要はなく、相互の関連が明確な複数の書類全体で記載事項を満たしていれば、これら複数の書類を適格請求書とすることが可能となります。よって、

書類により交付する請求書と電子データにより提供する納品書等の関連が明確であり、適格請求書の交付対象となる取引内容を正確に認識できる方法で交付されていれば、書類と電子データの全体により、適格請求書の記載事項を満たすことになります。

　したがって、課税資産の譲渡等の内容（軽減税率の対象である旨を含みます）を含む請求明細に係る電子データを提供したうえで、それ以外の記載事項のある請求書を交付することで、これら全体により、適格請求書の記載事項を満たすことになります。

　なお、電子データにより提供した請求明細については、電子帳簿保存法に準じて一定の要件を満たした方法で保存する必要があります。

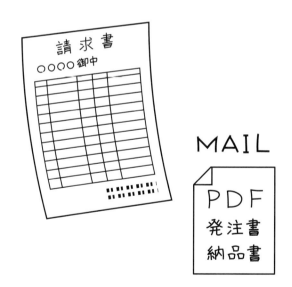

当社では販管システムで作成した請求書を出力し、書面で取引先に交付しています。この場合、当該システムで作成したデータを紙でなく電子データにより保存することは認められますか？

適格請求書発行事業者には、交付した適格請求書の写し及び提供した適格請求書に係る電磁的記録の保存義務があるとされています。

この適格請求書の写しや電磁的記録については、交付した日又は提供した日の属する課税期間の末日の翌日から2月を経過した日から7年間、納税地又はその取引に係る事務所、事業所その他これらに準ずるものの所在地に保存しなければなりません。

こうした国税に関する法律の規定により保存が義務づけられている書類で、自社で一貫してシステムを使用して作成したものについては、電子帳簿保存法に基づき、電子データによる保存をもって書類の保存に代えることができることとされています。

なお、作成したデータでの保存にあたっては、次の要件を満たす必要があるので注意が必要です。

①適格請求書に係る電磁的記録の保存等に併せて、システム関係書類等（システム概要書、システム仕様書、操作説明書、事務処理マニュアル等）の備付けを行うこと

②適格請求書に係る電磁的記録の保存等をする場所に、その電磁的

記録の電子計算機処理の用に供することができる電子計算機、プログラム、ディスプレイ及びプリンタ並びにこれらの操作説明書を備え付け、その電磁的記録をディスプレイの画面及び書面に、整然とした形式及び明瞭な状態で、速やかに出力できるようにしておくこと

③国税に関する法律の規定による適格請求書に係る電磁的記録の提示もしくは提出の要求に応じることができるようにしておくこと又は適格請求書に係る電磁的記録について、次の要件を満たす検索機能を確保しておくこと

・取引年月日、その他の日付を検索条件として設定できること

・日付に係る記録項目は、その範囲を指定して条件を設定することができること

メール送信で交付したインボイスを、電子帳簿保存法に定める方法に従って電子データのまま保存する際に、注意すべき点はありますか？

 データ保存の注意点

　適格請求書発行事業者は、国内において課税資産の譲渡等を行った場合に、相手方（課税事業者に限ります）から求められたときは適格請求書を交付しなければなりませんが、適格請求書の交付に代えて、適格請求書に係る電子データを相手方に提供することができるとされています。この場合において、提供した電子データの保存方法は、①電子帳簿保存法に定める方法に従って電子データのまま保存する方法と、②紙に出力して保存する方法のいずれかが認められます。

　また、その電子データをそのまま保存しようとするときには、以下の措置を講じる必要があります。

①次のイから二のいずれかの措置を行うこと

　イ　適格請求書に係る電磁的記録を提供する前にタイムスタンプを付し、その電磁的記録を提供すること

　ロ　次に掲げる方法のいずれかにより、タイムスタンプを付すとともに、その電磁的記録の保存を行う者又はその者を直接監督する者に関する情報を確認することができるようにしておくこと

　　•適格請求書に係る電磁的記録の提供後、速やかにタイムスタンプを付すこと

- 適格請求書に係る電磁的記録の提供からタイムスタンプを付すまでの各事務の処理に関する規程を定めている場合において、その業務の処理に係る通常の期間を経過した後、速やかにタイムスタンプを付すこと

ハ　適格請求書に係る電磁的記録の記録事項について、次のいずれかの要件を満たす電子計算機処理システムを使用して適格請求書に係る電磁的記録の提供及びその電磁的記録を保存すること

- 訂正又は削除を行った場合には、その事実及び内容を確認することができること
- 訂正又は削除することができないこと

ニ　適格請求書に係る電磁的記録の記録事項について正当な理由がない訂正及び削除の防止に関する事務処理の規程を定め、当該規程に沿った運用を行い、当該電磁的記録の保存に併せて当該規程の備付けを行うこと

②適格請求書に係る電磁的記録の保存等に併せて、システム概要書の備付けを行うこと

③適格請求書に係る電磁的記録の保存等をする場所に、その電磁的記録の電子計算機処理の用に供することができる電子計算機、プログラム、ディスプレイ及びプリンタ並びにこれらの操作説明書を備え付け、その電磁的記録をディスプレイの画面及び書面に、整然とした形式及び明瞭な状態で、速やかに出力できるようにしておくこと

④適格請求書に係る電磁的記録について、次の要件を満たす検索機能を確保しておくこと

※国税に関する法律の規定による電磁的記録の提示又は提出の要求に応じることができるようにしているときはロ及びハの要件が不要となり、その判定期間に係る基準期間における売上高が1,000万円以下の事業者が国税に関する法律の規定による電磁的記録の

提示又は提出の要求に応じることができるようにしているときは
　　検索機能のすべてが不要となります。
　イ　取引年月日その他の日付、取引金額及び取引先を検索条件とし
　　て設定できること
　ロ　日付又は金額に係る記録項目については、その範囲を指定して
　　条件を設定することができること
　ハ　2以上の任意の記録項目を組み合わせて条件を設定できること
　なお、適格請求書に係る電子データを紙に出力して保存しようとす
るときには、整然とした形式及び明瞭な状態で出力する必要がありま
す。

Q40 当社は仕入先よりメール送信にてインボイスを受領していますが、電子データの保存でしか仕入税額控除は認められないのでしょうか？

 紙の保存も認められる

　適格請求書を電子データにより提供を受けた場合であっても、電子データを整然とした形式及び明瞭な状態で出力した書面を保存することで、仕入税額控除の適用に係る請求書等の保存要件を満たします。

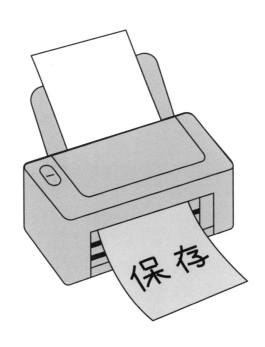

受領した電子インボイスを電子データで保存する際の留意事項を教えてください

インボイスを「交付」する場合と基本的には同じ

　相手方から適格請求書の交付に代えて、適格請求書に係る電子データによる提供を受けた場合、仕入税額控除の適用を受けるためには、以下の措置を講じたうえで、その電子データを保存する必要があります。

①次のイからニのいずれかの措置を行うこと

　イ　タイムスタンプが付された適格請求書に係る電磁的記録を受領すること（受領した者がタイムスタンプを付す必要はありません）

　ロ　次に掲げる方法のいずれかにより、タイムスタンプを付すとともに、その電磁的記録の保存を行う者又はその者を直接監督する者に関する情報を確認することができるようにしておくこと

　　・適格請求書に係る電磁的記録の提供を受けた後、速やかにタイムスタンプを付すこと

　　・適格請求書に係る電磁的記録の提供からタイムスタンプを付すまでの各事務の処理に関する規程を定めている場合において、その業務の処理に係る通常の期間を経過した後、速やかにタイムスタンプを付すこと

　ハ　適格請求書に係る電磁的記録の記録事項について、次のいずれ

かの要件を満たす電子計算機処理システムを使用して適格請求書に係る電磁的記録の受領及びその電磁的記録を保存すること

- 訂正又は削除を行った場合には、その事実及び内容を確認することができること
- 訂正又は削除することができないこと

ニ　適格請求書に係る電磁的記録の記録事項について正当な理由がない訂正及び削除の防止に関する事務処理の規程を定め、当該規程に沿った運用を行い、当該電磁的記録の保存に併せて当該規程の備付けを行うこと

②適格請求書に係る電磁的記録の保存等に併せて、システム概要書の備付けを行うこと

③適格請求書に係る電磁的記録の保存等をする場所に、その電磁的記録の電子計算機処理の用に供することができる電子計算機、プログラム、ディスプレイ及びプリンタ並びにこれらの操作説明書を備え付け、その電磁的記録をディスプレイの画面及び書面に、整然とした形式及び明瞭な状態で、速やかに出力できるようにしておくこと

④適格請求書に係る電磁的記録について、次の要件を満たす検索機能を確保しておくこと

※国税に関する法律の規定による電磁的記録の提示又は提出の要求に応じることができるようにしているときはロ及びハの要件が不要となり、その判定期間に係る基準期間における売上高が1,000万円以下の事業者が国税に関する法律の規定による電磁的記録の提示又は提出の要求に応じることができるようにしているときは検索機能のすべてが不要となります。

イ　取引年月日その他の日付、取引金額及び取引先を検索条件として設定できること

ロ　日付又は金額に係る記録項目については、その範囲を指定して

条件を設定することができること

　ハ　2以上の任意の記録項目を組み合わせて条件を設定できること

　なお、提供を受けた適格請求書に係る電子データを紙に出力して保存しようとするときは、整然とした形式及び明瞭な状態で出力する必要があります。

〈編者〉

コンパッソ税理士法人

1973 年創立、2004 年コンパッソ税理士法人設立

全国 9 拠点、社員 250 名、関与先 3,000 先を抱える税理士法人

［主な出版物］

『病院のすべてがわかる！』（2017 年、ナツメ社）

クリニックと病院の違いや、薬代などのお金の流れ、病院の経営や働く人々まで、とにかく病院のことがこの一冊で丸わかり。患者側としても知って有益な情報が満載。

『斜めに読むだけで経営分析がしっかりわかる本』（1992 年、かんき出版）

まず手もとに決算書を用意してください。それをもとに本書を読んでいけば、会社の状態、問題点がたちどころに診断できるはず！

『新時代における相続・贈与・事業承継の急所』（2014 年、コンパッソ税理士法人）

経営者、医療機関代表者、個人事業主、農業事業主、各個人などにコンパッソ税理士法人が提供してきたサービスの実践事例を再点検・要約。

〈執筆者〉

丸山浩史	加藤尚史	武政芳宜	小池良輔
片岡謙太郎	薄竹広喜	今山優太	斉藤将光
角亮佑	上前友輝	古田郁子	松岡孝明
津田純一	佐藤和美	長谷部友矩	田中祐太朗
柳下稔人	星野沙織	池田千博	秋葉靖文
山本由利子	小西教久	元村栞	石塚美奈
内川清雄			

〈執筆協力者〉

吉田匡史	松井雄哉	熊谷勇輝	水野良輔
末廣悦子	福田訓久	田宮健太朗	大橋暁
川上大輔	田中秀和	中川斉	乙成保徳
佐藤智成	渡辺武男	畠山安定	南宏一
小林雅	土屋和弘	依知川功一	服部宏一
羽田宗幸	弘中孝一	川原洋平	

MEMO ——————————————————————————————————

Q&A　一目でわかる！　インボイス制度と電子帳簿保存法

2023 年 2 月 20 日　初版第 1 刷発行

編　集	コンパッソ税理士法人
イラスト	秋田　恵微
発行者	中野　進介

発行所　株式会社 ビジネス教育出版社

〒102-0074　東京都千代田区九段南4-7-13
TEL 03(3221)5361(代表)／FAX 03(3222)7878
E-mail▶info@bks.co.jp URL▶https://www.bks.co.jp

印刷・製本／シナノ印刷㈱　装丁・本文デザイン・DTP ／㈲エルグ
落丁・乱丁はお取り替えします。

ISBN978-4-8283-0987-3　C2034